FORÇA INTERIOR
A ÚNICA **FONTE DE REALIZAÇÃO** POSSÍVEL

CARO(A) LEITOR(A),
Queremos saber sua opinião sobre nossos livros.
Após a leitura, curta-nos no **facebook.com/editoragentebr**,
siga-nos no Twitter **@EditoraGente** e
no Instagram **@editoragente**
e visite-nos no site **www.editoragente.com.br**.
Cadastre-se e contribua com sugestões, críticas ou elogios.

HELOIZA RONZANI
DWIGHT RONZANI

FORÇA INTERIOR

A ÚNICA **FONTE DE REALIZAÇÃO** POSSÍVEL

—— ○ ○ ○ ——

Decida o que precisa mudar, eleve sua autoconfiança e seja a pessoa que você nasceu pra ser

Gente
AUTORIDADE

Diretora
Rosely Boschini

Gerente Editorial Pleno
Franciane Batagin Ribeiro

Assistente Editorial
Bernardo Machado

Produção Gráfica
Fábio Esteves

Preparação
Algo Novo Editorial

Capa
Rafael Brum

Imagem de Capa
iStock

Projeto Gráfico e Diagramação
Gisele Baptista de Oliveira

Ilustração p. 173
Linea Editora

Revisão
Andréa Bruno
Wélida Muniz

Impressão
Assahi

Copyright © 2022 by Heloiza Ronzani e Dwight Ronzani
Todos os direitos desta edição são reservados à Editora Gente.
Rua Natingui, 379 – Vila Madalena
São Paulo, SP – CEP 05443-000
Telefone: (11) 3670-2500
Site: www.editoragente.com.br
E-mail: gente@editoragente.com.br

As citações bíblicas foram padronizadas de acordo com a Bíblia de Estudo do Expositor de Jimmy Swaggart.

Dados Internacionais de Catalogação na Publicação (CIP)
Angélica Ilacqua CRB-8/7057

Ronzani, Heloiza
    Força interior: a única fonte de realização possível – decida o que precisa mudar, eleve sua autoconfiança e seja a pessoa que você nasceu para ser/ Heloiza Ronzani, Dwight Ronzani. – São Paulo: Gente Autoridade, 2022.
    208 p.

ISBN 978-65-88523-46-9

1. Desenvolvimento pessoal 2. Autoconfiança I. Título

22-1733   CDD 158.1

Índice para catálogo sistemático:
1. Desenvolvimento pessoal

nota da publisher

Hoje em dia as coisas parecem funcionar apenas em alta velocidade: tecnologias, redes sociais e meios de comunicação fazem tudo soar instantâneo – e somos bombardeados de informações a todo instante. A sensação, muitas vezes, é de que estamos sempre atrasados, sem tempo até para organizar nossa rotina mais básica. Nesse contexto, como contornamos a ansiedade, a insatisfação e a falta de tempo, e o que podemos fazer para atingir nossos objetivos e realizar nossos sonhos?

Em *Força interior: a única fonte de realização possível*, Heloiza Ronzani e Dwight Ronzani propõem a você, leitor, que desperte a autoconfiança e parta em busca de um propósito maior. Os autores ensinam que é por meio da conscientização de nossas dores e de nossas limitações que damos os passos iniciais para adquirir novas habilidades e competências, despertando, assim, a nossa força interior, verdadeira agente motriz de tudo que é realização.

Resultado das experiências pessoais e profissionais de Heloiza – mentora, consultora e palestrante de autodesenvolvimento e de desenvolvimento humano com mais de trinta anos de carreira –, o livro conta com diversos exercícios e reflexões transformadoras, um verdadeiro convite para que você se debruce sobre o material e alcance todo o seu o potencial realizador.

Boa leitura e boa jornada!

Rosely Boschini
CEO e Publisher da Editora Gente

Dedicamos este livro às nossas filhas, que sempre enalteceram a iniciativa de registrar nossas experiências.

agradecimentos

Primeiramente, agradeço a Deus pela oportunidade de escrever este livro.

Agradeço, também, a Dwight Ronzani, meu marido, pelo apoio irrestrito na realização deste grande sonho. A participação dele foi tão intensa que o convidei para concretizar esta obra comigo.

Agradecemos às nossas filhas e netos, que acompanharam nosso trabalho; e a todo o apoio da Editora Gente, representada por sua diretora, Rosely Boschini, pela editora, Franciane Batagin Ribeiro, e toda sua competente equipe.

Destaco a relevância de Antonio Medeiros, e agradeço-o por ser uma inspiração permanente.

sumário

13
PREFÁCIO
Antonio
Medeiros

17
INTRODUÇÃO
Livre-se da dor
e transborde seu
potencial realizador

29
CAPÍTULO 1
Não deixe a dor crônica
dominar você

45
CAPÍTULO 2
O mal
do século

63
CAPÍTULO 3
O autoconhecimento

81
CAPÍTULO 4
Conscientize-se
de sua limitação

101
CAPÍTULO 5
O que quer e
precisa mudar?

117
CAPÍTULO 6
Transforme-se –
Condicione novas
habilidades

137
CAPÍTULO 7
Gestão de
emoções

157
CAPÍTULO 8
Empreender-se em
uma nova pessoa

175
CAPÍTULO 9
A autoconfiança
começa agora

196
CAPÍTULO 10
Tenha determinação,
é hora de ser feliz!

Prefácio
Antonio
Medeiros

Ao receber o convite de Heloiza Ronzani para prefaciar seu livro, me senti muito honrado. Como amigo e conhecedor de sua história, sei que durante anos a escritora se dedicou a ajudar jovens a romper suas barreiras e expandir seus limites. Ela é uma verdadeira descobridora de talentos e uma treinadora de novos homens e mulheres de sucesso e caráter.

Ao folhear as páginas desta obra, percebo sua digital, pois ali está sua vida, seus valores, suas crenças e seus ensinamentos, Heloiza transmite sua experiência por meio de letras esculpidas nas folhas de papel.

A cada página lida, me deleitei com a mensagem transformadora que dizia: viva com ousadia, viva como se fosse o último dia, como se tudo dependesse apenas de você.

Incansável na arte de acreditar no próximo, ela desafia o dia a dia, a insegurança e a incerteza, transmitindo sua mensagem de fé, determinação e esperança.

Logo em seus primeiros capítulos, Heloiza me ensinou que a dor faz parte da vida, mas deixá-la se transformar em algo corriqueiro e crônico, não. O surgimento da dor é involuntário, mas a decisão de combatê-la depende de minha iniciativa, humildade e força para lutar.

Como coronel do Exército, sei o quanto é difícil lutar quando você mesmo não acredita na vitória, sei que nem mesmo a mais forte e inteligente estratégia poderá ser capaz de fazer alguém, que se acha derrotado, ser vitorioso.

FORÇA INTERIOR: A ÚNICA FONTE DE REALIZAÇÃO POSSÍVEL

Este livro trouxe exatamente esta ideia: a de ressurgimento de um guerreiro de dentro para fora; o despertar de um adulto com a alegria, os sonhos, a fé e a determinação de uma criança, mas ao mesmo tempo calejado pelas experiências do passado.

Heloiza deixa clara a responsabilidade de cada pessoa em suas escolhas e decisões; ela alerta do perigo da inércia e convida cada leitor para fazer um "escaneamento" de suas atitudes, potencializando os comportamentos que o levam em direção à meta e ressignificando crenças limitantes, tudo com a finalidade de fazer uma grande mudança de hábitos.

Ao receber o impacto desta mensagem desafiadora, me perguntei: por onde começar? Onde encontro forças para iniciar a jornada da reconstrução de áreas da minha vida que precisam ser repaginadas?

A resposta veio de forma simples e objetiva: conheça-se, busque dentro de você. Tudo está lá guardado a sua espera; basta saber como procurar.

É impossível ler este livro e não se lembrar do grande filósofo Sócrates, que disse: "Queres ganhar o mundo? Homem, conheça-te a ti mesmo". O livro de Heloiza Ronzani é um profundo mergulho interior na busca do verdadeiro eu, na descoberta do gigante que muitas vezes fica escondido dentro de cada leitor.

A escritora nos convida a uma nova consciência de quem somos, na identificação das nossas reais limitações humanas, aceitando-as para transformá-las. A cada parágrafo lido, dentro de mim reviveu mais uma frase de Sócrates: "A verdade (força) já está no próprio homem, mas ele não pode atingi-la, porque não só está envolto em falsas ideias, em preconceitos, como está desprovido de métodos adequados".

Métodos adequados, exatamente isso que Heloiza Ronzani oferece a mim e a você, ela o descreveu de forma clara e atingível para qualquer pessoa disposta a se tornar quem realmente deseja. Sua objetividade me cativou e me fez descobrir formas simples e cotidianas para se alcançar a felicidade e a realização pessoal.

Aprendi com Heloiza, a minha professora da vida, que, à medida que você observa mais a si e às suas atitudes, percebe que está prestigiando a sua essência e que a única fonte de força capaz de

PREFÁCIO

ser renovada constantemente é a força interior, adquirida através do processo de autoconhecimento.

Isso me fez entrar em ebulição enquanto lia a obra. Heloiza me despertou para o condicionamento de novos comportamentos e me convidou a buscar uma gestão emocional mais saudável, o que me permitirá viver com mais equilíbrio e força.

Se você deseja ser desafiado a se tornar uma pessoa melhor e mais produtiva, siga esta leitura. Palavra de comandante!

Antonio Medeiros
Mentor, palestrante e mestre em
Ciências Militares com o tema Liderança.

introdução
Livre-se
da dor e
transborde
seu potencial
realizador

Minha maior intenção ao escrever este livro é compartilhar com você, leitor, diferentes situações inspiradoras, promovendo um aprendizado não apenas teórico como também verdadeiramente prático e realizador. Minha missão de vida é ajudar as pessoas a despertar o seu potencial interior, desenvolvendo autoconfiança para que sejam mais felizes.

"Por quê?", você pode estar se perguntando. Porque percebo que muitas pessoas sentem insatisfação crônica nas diferentes esferas da vida – família, trabalho, relações sociais, estudos e tantas outras. Elas vivem intensamente uma competitividade desnecessária, o que as leva a debilitar a própria saúde com transtornos de ansiedade, angústia e sentimentos de inferioridade, o que compromete seus resultados.

Essa insatisfação torna-se ainda mais nítida no caso de trabalhadores que já têm mais tempo na empresa, que vivem estressados em seu ambiente de trabalho por não se sentirem acolhidos nem pelo líder nem pelos mais jovens, que estão cheios de ideias inovadoras para implementar.

FORÇA INTERIOR: A ÚNICA FONTE DE REALIZAÇÃO POSSÍVEL

Se você se identificou, se acredita estar envolto nessa penumbra, não se desespere, pois eu posso ajudá-lo a desenvolver e fortalecer seu potencial – ele está aí dentro, latente, e precisa estar presente em sua vida. Como diz o inspirador Tony Robbins em seu livro *Poder sem limites*, tudo pode ser modificado porque "o comportamento humano é a origem de todos os problemas humanos e, por isso, novos comportamentos humanos podem resolver a maioria dos problemas que surgem".[1]

Seguindo esse pensamento de que a ação é responsável por nossos resultados, vou partilhar experiências, minhas e de outros, que estimularão mudanças positivas de atitudes e pensamentos em sua vida, abastecendo e fortalecendo uma expectativa de mudança. Ao seguir as etapas do método que desenvolvi, você encontrará resultados transformadores.

Existe uma frase amplamente difundida e atribuída ao escritor Victor Hugo que diz: "Não há nada tão poderoso como uma ideia cujo tempo chegou". E o seu tempo chegou! Toda vida humana está permeada de experiências que não podemos rotular como positivas nem negativas, simplesmente porque, às vezes, transformam-se em positivas ou produzem efeitos negativos com o tempo.

Outro ponto interessante é que alguns fatos transcorrem depressa e são logo esquecidos; outros repercutem vigorosamente, tornando-se marcantes e interferentes pelo resto da vida. Isso mostra que as pessoas são marcadas pelas experiências existenciais.

Diante de consequências positivas, é como se navegássemos por águas mansas, impulsionados por uma brisa suave, com a paisagem coroada por um sol resplandecente, gravado em um céu azul! Mas quando se trata de reflexos negativos, quando o tempo vira, as águas tornam-se revoltas, a brisa se transforma em tufão, um negrume assume o céu e chega uma tempestade, é preciso uma boa dose de discernimento para lidar com a situação.

A título de ilustração, recordo do acidente com um avião da Varig no Aeroporto de Orly, na França, em 1973. O Boeing partira de São

---

[1] ROBBINS, T. **Poder sem limites**: a nova ciência do sucesso pessoal. Rio de Janeiro: BestSeller, 2017.

INTRODUÇÃO

Paulo rumo a Londres, na Inglaterra, com escala em Paris. Nele, estava um rapaz, Ricardo Trajano, estudante de engenharia de 21 anos e roqueiro empolgado, que economizara para a viagem dos sonhos: Londres, a meca de todos os roqueiros do mundo. Sonho acalentado, planejado e... quase executado. Ele foi o único sobrevivente do caos de um incêndio a bordo. Trajano estava sentado próximo à cauda da aeronave.[2]

Quando o avião já se preparava para pousar, com passageiros e tripulantes sentados com os cintos já afivelados, Ricardo viu uma fumaça negra saindo de um banheiro próximo e, instintivamente, desafivelou o cinto, pôs-se de pé e seguiu rumo ao nariz do avião, ignorando os insistentes apelos do comissário de bordo. Foi a sua sorte, pois, com o incêndio instaurado, o jato pousou onde deu, em meio a uma plantação. A inalação de fumaça tóxica e o ambiente confinado causaram a perda de 123 vidas. A fumaça foi rápida ao tomar o ambiente, o que acarretou na perda dos sentidos e consequente morte dos passageiros.

Ricardo, já na porta do avião, tentou proteger-se com as próprias mãos, mas acabou por desfalecer. Os fatos se sucederam com grande rapidez. A porta externa foi aberta e os bombeiros logo o acudiram. A conquista do sonho rapidamente se transformou em um pesadelo. Mas, hoje, com uma nova perspectiva sobre tudo o que aconteceu, a vida passou a ser a sua maior conquista: ele sobreviveu.

Até hoje Ricardo é solicitado para palestras nas quais narra sua experiência eternizada. Na natureza, por mais devastadoras que sejam as tempestades, elas passam. Em nossa vida, porém, perduram por muito mais tempo, anos a fio, e não sabemos como superá-las. Comprometem nossas ações, reações, sossego, paz de espírito; invadem nossos espaços, alteram nosso humor, nossa concentração. Tomam conta de nós pouco a pouco, pela projeção de seus efeitos indesejados. Em muitas das vezes,

---

[2] HISTÓRIA de sobrevivência – Como desobedeci ao comissário de bordo e me tornei o único passageiro a sobreviver ao desastre de um Boeing 707. **Tok de História**, 16 out. 2018. Disponível em: https://tokdehistoria.com.br/2018/10/16/historia-de-sobrevivencia-como-desobedeci-a-comissario-de-bordo-e-me-tornei-o-unico-passageiro-a-sobreviver-a-desastre-de-aviao/. Acesso em: 27 maio 2021.

FORÇA INTERIOR: A ÚNICA FONTE DE REALIZAÇÃO POSSÍVEL

refletem a situação nos semblantes e na expressão corporal: ombros caídos, andar arrastado, olhar perdido, estampando uma verdadeira derrota.

Veja o exemplo de uma conversa entre dois amigos. Um deles, muito infeliz, desabafa que acredita estar sendo rejeitado por todos; o outro, em uma tentativa de melhorar o astral do primeiro, afirma que as pessoas podem não estar contra ele, mas que apenas não ligam! Qual é o resultado desse diálogo?

O infeliz continuará se sentindo desprezado, pois se sente o centro do mundo, acreditando que todas as atitudes dos outros, de alguma maneira, são direcionadas a ele. Seu amigo pode até acreditar ter contribuído para aliviar a dor alheia, mas foi apenas uma conversa jogada fora, na qual cada um manteve a sua verdade. A tendência do mundo é marcada pelas certezas que admitimos ter e, se quisermos mudar o que nos incomoda, é preciso reconhecer a necessidade, pedir e aceitar ajuda.

Uma pessoa que convive com tristeza e depressão, como o homem infeliz do diálogo, tem a sensação de estar no "fundo do poço", convive com a solidão, a angústia, o desgaste emocional, a impotência, o medo. É desgastante subsistir nesse estado caótico e, por isso, é extremamente urgente libertar-se de toda essa carga a partir de pensamentos, posturas e ações que despertem a vontade de mudar. Uma transformação consciente e verdadeira, na qual valoriza-se o apoio do outro (o amigo) para poder reestruturar a motivação e o amor-próprio, superando-se.

O ser humano angustiado merece mais do que uma "boa reforma"; ele merece uma sólida "restauração", retornando ao estágio de aceitação plena de sua verdadeira natureza e vocação, que o leve a uma vida de plenitude.

Ainda jovem, já me preocupava com esse tipo de depreciação. Muito me comovia, e me comove até hoje, ver pessoas com rico potencial arrastando-se pela vida, sujeitando-se a uma existência acanhada, medíocre, lastimável, por conta da arrogância do mundo. Sempre achei revoltante e indigno, e acreditava que todo ser humano, gerado à imagem e semelhança de Deus, não merecia tal destino! Não é fácil superar essa dor de espírito, mas é possível. E o indivíduo tem a capacidade de reinventar-se, mas precisa estar atento à cada novo estímulo para avaliar seus diferentes significados, para que o negativo e o positivo

INTRODUÇÃO

não sejam confundidos e acabem alterando o desfecho. Precisa buscar um novo formato de vida, uma nova mentalidade através do conhecimento, desenvolvendo o autoconhecimento. Assim, ampliamos cada vez mais as nossas possibilidades.

É importante retomar os valores, os princípios morais que regem sua vida. Toda vez que queremos mudar alguma estratégia, alguma meta, corremos o risco de alterar esse princípio; por isso, tenha atenção. Quando queremos que as pessoas valorizem um livro, uma bolsa ou qualquer outro produto, precisamos valorizá-lo primeiro, exaltar suas características e qualidades para que o outro perceba o valor. Assim também deve acontecer conosco! Você deve revigorar as suas qualidades, as suas características, os seus valores. Não os despreze jamais. Eles fazem parte do seu contexto, proporcionam-lhe satisfação pessoal.

À medida que você observa mais a si e suas atitudes, percebe se está prestigiando a própria essência ou não. Se você valoriza a solidariedade e acredita que deve ser verdadeiro consigo e com os outros, está "qualificando" a sua essência. As suas características, os seus valores fazem parte do potencial interior, levam-no a adotar posturas fortes, importantes, conectadas consigo e com os aprendizados adquiridos ao longo da vida. A única fonte de força capaz de ser renovada constantemente é a força interior, adquirida através do processo de autoconhecimento.

Com esse conceito em plena ebulição, busquei no ato de conhecer a mim mesma a orientação necessária para um desenvolvimento interno que pudesse refletir no externo. Sempre considerei essa conexão fundamental e, por meio do acolhimento, da fé, da paciência e da compaixão, pratiquei e entendi a eficácia dessa conexão. Como afirmou Mahatma Gandhi: "A fé não é algo para se entender, é um estado para se transformar".[3]

Imbuída dessa verdade, decidi estimular o mesmo despertar nas pessoas para que cada uma gerasse satisfação e realização para si

---

[3] A FÉ não é algo para se entender... **Pensador**, 2005-2022. Disponível em: https://www.pensador.com/busca.php?q=a+f%C3%A9+n%C3%A3o+%C3%A9+algo+para+se+entender%2C+%C3%A9+um+estado+para+se+transformar. Acesso em: 24 mar. 2022.

FORÇA INTERIOR: A ÚNICA FONTE DE REALIZAÇÃO POSSÍVEL

mesma, levando-se a crescer. Quando elas compreendem e se conscientizam da própria capacidade de mudança, ampliam suas expectativas, e evoluem exponencialmente.

Conectada ao magistério, resolvi dar o primeiro passo dessa proposta com meu público mais próximo, os alunos. Minha meta: ajudá-los a encontrar o seu lugar no mundo a partir do desenvolvimento pessoal, um estímulo para o crescimento sustentável, dando a eles a possibilidade de caminhar com as próprias pernas, superando limitações e bloqueios. Uma chama dentro de mim me impulsionava nessa direção, visto que tive de transpor um bom número de obstáculos até conhecer melhor meu próprio interior, como vou contar adiante.

As primeiras coisas a se fazer é mudar a forma de pensar, trabalhar os valores e desenvolver novas atitudes para enfrentar os desafios que surgem e que precisam ser derrubados com a força interior. Esses obstáculos são conjuntos de circunstâncias que se prestam a comprovar que somos capazes o bastante para ultrapassá-los! Precisamos estar atentos às mudanças para estabelecer as melhores estratégias no novo contexto.

Mas quem sou eu para ajudá-lo com isso? Meu nome é Heloiza Ronzani, sou casada, tenho duas filhas e quatro netos. Cresci vendo meu pai, autodidata, leitor e escritor assíduo, sempre paciente e pronto para satisfazer às perguntas e, não raramente, indicar onde estavam as respostas. Eu o admirava muito! Foi para mim, a um só tempo, o modelo e a escola, e venho, ao longo da minha vida, me reconstruindo e me desenvolvendo através do autoconhecimento graças à sua influência; no decorrer da leitura, você vai me conhecer melhor e, quem sabe, trilhar esse caminho restaurador.

Nessa jornada, encontrei inspiração para buscar a realização do meu objetivo, pois percebi inúmeras possibilidades diante de mim. Entendi que por meio do amor, do aprendizado, do respeito e da união conseguimos nos tornar fortes e verdadeiros, trazendo à tona a autoconsciência para seguir adiante.

Fui professora durante toda a minha vida e sempre gostei de trabalhar com adolescentes, pois achava que era, ao mesmo tempo, uma inspiração e um desafio. Por isso, primeiro busquei despertar neles a vontade de vencerem por si mesmos. Para tanto, começamos com um grupo com os

INTRODUÇÃO

mais interessados na proposta, deixando livre a possibilidade de ingresso e de saída a quem quisesse. Antes de iniciar o trabalho, questionava a cada um se estava disposto a ir em busca de uma nova alternativa para conquistar possibilidades inéditas. Era importante que eles respondessem. De nada adiantaria caso não houvesse aceitação e compromisso por parte deles.

Demos início ao projeto que poderia transformá-los em estudantes mais centrados. O contexto era voltado para o autoconhecimento de maneira discreta e eficaz, refletindo sobre o modo como se portavam, como "enxergavam" as suas capacidades, as suas atitudes. Com base nas respostas que davam, trabalhávamos as ideias limitantes e analisávamos o progresso ou não de cada um deles. Essa participação permitiu a avaliação de seus compromissos, trazendo clareza para questões básicas como: quem sou eu, de que sou capaz, para onde vou. Um momento extremamente relevante, no qual aprendiam a ressignificar e promover a tão sonhada transformação.

O objetivo principal das reuniões era estimular a participação dos alunos, deixando-os entusiasmados para superar os desafios e conquistar melhores resultados, pois a meta estava vinculada ao final do ano, "quase chegando", que muitos deles precisavam vencer.

Observando o comportamento, analisando as atitudes, as preocupações e as dificuldades, entendi as questões que mais os afligiam e limitavam. Com base nas expectativas que os alunos demonstravam, traçamos metas e elaboramos um plano de ação que despertasse as prioridades: **preparar para aprender, estudar para entender, refletir para contextualizar**. E todos eles passaram a fazer parte das tarefas, dos conteúdos que mais precisavam de atenção, para atingir os objetivos que foram, pouco a pouco, conquistados. A estratégia era despertar interesse em desenvolver a potencialidade interior que precisava se fazer presente para revigorar atitudes e comportamentos.

As dificuldades que tinham com as matérias era responsabilidade deles, diante do professor em sala de aula, quando deveriam pedir orientação e esclarecimento para elucidar qualquer dúvida. Assim, a responsabilidade estava nas mãos de cada um, e eles a assumiam conscientes, estabelecendo o sentimento do "depende de mim".

Se quisermos mudar o que nos incomoda, é preciso reconhecer essa necessidade, pedir ajuda e aceitar ajuda.

INTRODUÇÃO

Dentro do grupo desenvolvíamos atividades que permitiam o crescimento de maneira harmônica, na qual as melhores atitudes e convivência se sobressaíam. Durante todo o trajeto, a entrada e a saída de alunos eram constantes, mas apenas aqueles que perseveraram até atingirem o último objetivo adquiriram mais consciência e maturidade, pois perceberam que "podiam muito mais do que entregavam". Não deu outra: conquistaram os resultados que buscavam, ligados diretamente à aprovação no período escolar, mas, acima de tudo, adquiriram uma nova postura diante da vida.

Eles entenderam que dentro de si estava o grande potencial, disponível para ser ativado a qualquer momento. É o que denominamos de força interior, que desenvolvemos através do autoconhecimento e da autoconfiança para vencer as limitações. À medida que percebiam suas fragilidades, procuravam substituí-las por potenciais consistentes, pois aprenderam a lição de Larry Wilson: "Você pode mudar sem crescer, mas não pode crescer sem mudar".[4] A mudança é indispensável!

E aqui está o grande diferencial deste livro: você aprenderá para realizar!

Meus alunos reaprenderam a conjugar o verbo "poder": eu posso "se acredito que posso". Acreditaram que podiam! Cada obstáculo vencido, com efeito, trazia a certeza de um triunfo conquistado. Essa é a motivação para continuar crescendo e se desenvolvendo.

Se embarcamos no negativismo, nos depararemos com grandes empecilhos ao nosso crescimento. Sabe quando personagens de histórias em quadrinhos trazem sobre a cabeça a nuvenzinha cinzenta com raios e chuvas permanentes? Precisamos nos libertar desses pensamentos e emoções que representam ameaças à vida e acreditar que em nosso interior existe um enorme potencial que recebemos ao nascer e que nos acompanhará por toda a vida. Somos capazes de evoluir, de buscar a expansão do ser que pode induzir a uma mudança para alcançar maior abrangência – o que aconteceu comigo, quando me dispus a ser palestrante.

---

[4] FLAVIO. As melhores frases motivacionais. **Suprema Marketing Digital**, 3 maio 2021. Disponível em: https://supremamktdigital.com/frasesmotivacionais/. Acesso em: 7 abr. 2022.

FORÇA INTERIOR: A ÚNICA FONTE DE REALIZAÇÃO POSSÍVEL

Essa libertação é o maior incentivo para elevar as pessoas. Os erros e as dificuldades são parte do processo e devem representar uma motivação para seguir, não o motivo para desistir. Só depois de realizar incontáveis experiências falhadas, Thomas Edison apresentou a primeira lâmpada elétrica, que se manteve acesa durante quarenta horas e ainda foi aperfeiçoada, patenteada e comercializada.[5] Desistir não era uma opção, pois ele tinha certeza de que os erros lhe ensinavam muito! Santos Dumont, inventor brasileiro conhecido como o pai da aviação, compactuava com essa crença e afirmou: "As invenções são o resultado de um trabalho teimoso".[6] É com essa persistência que devemos vencer todas as limitações de nossa vida. Trabalhar o foco, a determinação, a percepção do que está por trás das hipóteses que experimentamos enriquece o nosso saber e desperta a busca pelo crescimento pessoal.

Aos poucos, conquistamos nossos objetivos. Ao ultrapassarmos e vencermos nossas limitações, cremos cada vez mais na nossa capacidade de realização, porque desenvolvemos a autoconfiança. Considere atuar com determinação, paciência e vontade de assumir o controle da sua vida. É como o aprendizado leva à transformação. Os caminhos que se abrem quando buscamos o aprendizado são inimagináveis! Desenvolver a habilidade de ouvir (com o sentido) e escutar (com o entendimento) os relatos de pessoas mais experientes nos permite experimentar hipóteses distintas e valiosas. Pense nisso!

Convido você a seguir com esta leitura e perceber o quanto é possível fazer por si. O quanto o seu potencial é grande! Investir no autoconhecimento é iniciar uma série de reflexões sobre nós, sobre a nossa carreira, sobre a nossa vida e implementar o nosso desenvolvimento. Diante dos questionamentos, podemos decidir com mais convicção, entender melhor os diferentes aspectos e nos valorizar mais.

---

[5] FRAZÃO, D. Thomas Edison: inventor norte-americano. **E-biografia**, 2000-2022. Disponível em: https://www.ebiografia.com/thomas_edison/. Acesso em: 24 mar. 2022.

[6] AS INVENÇÕES são, sobretudo... **Frases famosas**, 2006-2015. Disponível em: https://www.frasesfamosas.com.br/frases-de/santos-dumont/. Acesso em: 24 mar. 2022.

INTRODUÇÃO

Reflita e avalie seus valores e habilidades, pois eles são fundamentais para traçar objetivos mais verdadeiros, centrados no estabelecimento de um rumo pessoal ou profissional para alcançá-los. Desse modo, conectamo-nos com a melhor maneira de viver, estabelecendo comportamentos mais adequados a cada situação.

Quando motivados e inspirados, somos capazes de influenciar e provocar, de modo contagiante, essa transformação também nas outras pessoas, que passam a valorizar as atitudes a serem tomadas, as consequências práticas ligadas ao seu propósito de vida, refletindo no crescimento, na união. O filósofo estadunidense Ralph Waldo Emerson afirma: "Sem entusiasmo nunca se realizou nada de grandioso".[7]

Desenvolver a capacidade de pensar, tomar decisões, encontrar soluções, lidar com as pessoas, torná-las mais realizadas e felizes é desejável, porque viver em sociedade estimula a cumplicidade, a acolhida, o apoio. Se o ideal é promover o bem-estar comum a todos, faz sentido investir verdadeiramente em prol do desenvolvimento humano, pois uma conduta promissora agregada à confiança tem peso significativo na construção e realização de uma convivência harmônica.

Assim, caro leitor, convido-o a participar dessa caminhada, que tem como propósito estimular o autoconhecimento. Comprometa-se consigo mesmo a conhecer a sua capacidade de realização e de transformação!

---

[7] SEM entusiasmo nunca se realizou... **Citações e frases famosas**. Disponível em: https://citacoes.in/pesquisa/?h=sem+entusiasmo+nunca+se+realizou+nada+de+grandioso. Acesso em: 24 mar. 2022.

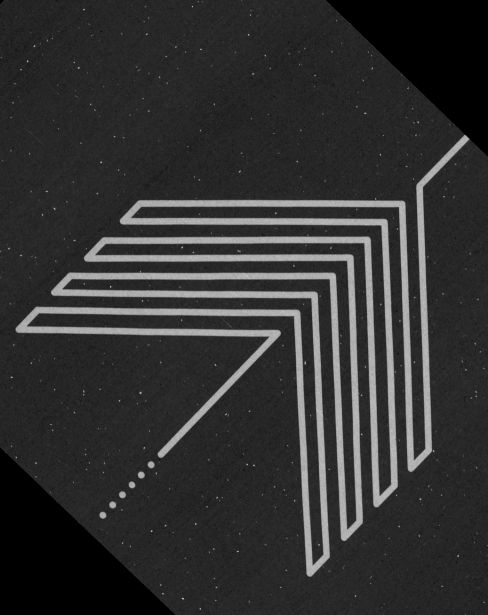

01

não deixe a
dor crônica
dominar
você

Uma dor crônica, por se alongar no tempo, pode limitar a capacidade física ou mental de quem é acometido por ela. Dependendo da sua intensidade, pode até afastar a pessoa do convívio social.

Uma pesquisa da *Vittude*,[8] plataforma on-line voltada para a saúde mental, realizada entre outubro de 2016 e abril de 2019, mostra, entre outros dados, que 59% dos avaliados estão em estado extremamente severo de depressão, e 63% se enquadram em uma ansiedade também muito grave. Segundo a psicóloga Heloisa Caiuby, esses números são reflexo da realidade em que vivemos: "O mundo está muito difícil, rápido e cheio de mudanças. Muitas vezes não temos tempo sequer de assimilar uma mudança e já vem outra. Isso causa uma angústia tremenda porque as pessoas não conseguem dar conta".

Diante da intensidade da dor, a pessoa perde as forças, a credibilidade, porque modifica o comportamento diante da rotina estressante de trabalho. A consequência é uma queda na produtividade. Por vezes, é acometida por problemas de saúde como depressão e ansiedade, o que a desmotiva a buscar por melhor desempenho, falta-lhe ânimo. Essa situação, segundo a Organização Mundial da Saúde (OMS), é global. São 322 milhões de pessoas com depressão em todo o mundo – 4,4% da população, e 18% a mais do que existia dez anos atrás. O Brasil é o país

---

[8] PESQUISA da Vittude mostra dados alarmantes sobre a saúde mental. **Saúde Business**, 10 out. 2019. Disponível em: https://www.saudebusiness.com/mercado/pesquisa-da-vittude-mostra-dados-alarmantes-sobre-sade-mental. Acesso em: 24 mar. 2022.

com o maior número de pessoas ansiosas: 9,3% da população, segundo a OMS, incluindo pessoas de todas as idades e classes sociais.[9]

A ansiedade é um reflexo que o ser humano irradia diante de certas situações ou eventos. Quando excessiva, pode afetar a qualidade de vida, tornando-se um grande problema. É percebida quando a pessoa foge de suas atividades rotineiras, tende a visualizar sempre o pior diante de si, é muito pessimista, acredita que não dá tempo, que não vai dar conta de suas tarefas e acaba se boicotando. Às vezes, o transtorno é tão grave que traz consigo os sintomas da depressão, marcada por extrema tristeza, autodesvalorização, desesperança e pensamentos suicidas.

Considere ainda a incidência da síndrome de *burnout*, distúrbio psíquico causado pela exaustão mental, sempre relacionada ao estresse no trabalho de um indivíduo, que prejudica aspectos físicos e emocionais, levando-o à exaustão mental, com reflexo no seu desempenho.

Com tantos transtornos, as pessoas podem se sentir imersas em dores. São grandes os desafios, dias sombrios em que faltam energia e força para continuar desenvolvendo as tarefas; falta coragem!

Mudanças de hábitos

Uma boa saúde é fundamental para o bem-estar, para desenvolver plenamente as atividades, seja o estudo, o trabalho ou tantas outras. Quando

---

[9] BRASIL tem a maior taxa de transtorno de ansiedade do mundo, diz OMS. **SindJustiça**, 2021. Disponível em: https://sindjustica.com/2020/05/27/brasil-tem-maior-taxa-de-transtorno-de-ansiedade-do-mundo-diz-oms/. Acesso em: 24 mar. 2022.

FORÇA INTERIOR: A ÚNICA FONTE DE REALIZAÇÃO POSSÍVEL

sentimos a necessidade de mudar alguns hábitos é porque já deixamos de render o suficiente para manter o nível de desenvoltura desejado, então buscamos uma transformação. Por vezes, os hábitos estão tão automatizados que você atropela facilmente seus resultados sem nem perceber. E, quando atropelamos os objetivos, está mais do que na hora de rever as possibilidades de mudança.

A mudança de hábitos ajuda a reduzir o estresse e a evitar a dor. Anote o que precisa mudar, busque alternativas e priorize o essencial. Se precisar de ajuda, peça! O importante é não desistir; muito pelo contrário: persista, pois valerá a pena.

Quem vive a dor crônica tem sempre a possibilidade de experimentar e encontrar uma alternativa. Superar o que incomoda. Por exemplo, muitas das vezes a pessoa não entende por que sua vida está tão estagnada. Tem consciência de que precisa mudar e procura aprender e praticar os conhecimentos, mas parece que existe um bloqueio que a impede de sair da mesmice, sempre com resultados desanimadores. Esses obstáculos podem ter origem em traumas antigos, emoções cultivadas ao longo do tempo. É preciso estabilizar as emoções que foram internalizadas para ultrapassar uma enorme tristeza que o alimentou por tanto tempo. Essa tristeza gera desânimo, deixa sua vida sem graça, impotente. Bloqueia sua energia e impede sua melhor performance! E aí? É hora de procurar revitalizar, reencontrar o bem-estar. Se você acredita que precisa restaurar suas forças, mãos à obra.

A dor e a insatisfação são sinais de alerta que o nosso corpo emite para mostrar que algo precisa ser ajustado. Afinal, o organismo é uma máquina requintada que requer atenção constante para funcionar adequadamente, evitando maiores desgastes e sofrimentos. Identificar a necessidade da mudança é fácil; o maior desafio, entretanto, é como colocá-la em prática. Para isso, vamos utilizar da sabedoria do tenista estadunidense Arthur Ashe: "Comece onde você está, use o que você tem e faça o que você pode".[10] Essa experiência, que ele utilizou em sua

---

[10] Comece onde você está, use o que você... Arthur Ashe. **Pensador**. Disponível em: https://www.pensador.com/frase/MTkxMDM1OQ/. Acesso em: 14 abr. 2022.

prática esportiva, nos oferece uma sugestão para revigorar nossa vida. O que você tem hoje ao seu alcance para dar início a essa mudança pelo seu melhor?

Existem mudanças básicas – que sabemos ser necessárias, mas que sempre adiamos – que nos permitem alcançar nossa melhor versão. Criar uma rotina saudável, por exemplo, com atividades físicas para fortalecer o organismo, permitindo que músculos e articulações afetados pela dor possam, aos poucos, regenerar-se e retornar ao equilíbrio almejado; e com uma alimentação balanceada, acrescentando frutas, legumes e verduras, incorporando vitaminas e minerais. Perceba os benefícios que essas alterações trazem ao organismo.

Aos poucos, você se torna mais leve, sem estresse, sem dores. "Não importa que vá devagar, contanto que não pare", dizia Confúcio. Às vezes, a maneira como vê a vida não está condizente com o que almeja. Portanto a adaptação precisa ser gradual. Aos poucos, sua vida se torna mais livre, enquanto o crescimento desponta.

Dia a dia, as atividades do mundo produzem consequências imprevisíveis ao homem, causando transtornos, sofrimento e dor. Com o passar do tempo, essa dor pode se intensificar. Quando há um descompasso, o "eu" fica prejudicado, projetando-se no caráter, nos pensamentos, sentimentos e ações. Se considerarmos os índices divulgados na pesquisa citada anteriormente, a realidade se torna massacrante. A busca por terapias e tratamentos apontam elevado número de pacientes acometidos por depressão, ansiedade e outros males. A saída é buscar orientação para abrandar o prejuízo que se instalou.

Ao darmos mais atenção ao nosso ser, trazendo a consciência de uma vida mais saudável e harmoniosa, podemos torná-la mais impactante positivamente. Isso acontece quando olhamos para nosso interior procurando conhecer e entender as forças que nele existem – e, com certeza, lá está a felicidade.

FORÇA INTERIOR: A ÚNICA FONTE DE REALIZAÇÃO POSSÍVEL

Encontro com a paz e com a felicidade

A falta de paz retrata a indiferença com que nos relacionamos conosco. O resultado da sua ausência gera insatisfação crônica, que nos impede de viver uma vida com motivação e mais realização. Nos torna reféns dessa nossa indiferença.

O ser humano, qualquer que seja sua inclinação religiosa, tem um espaço próprio para o sagrado, para a introspecção. Ele deve buscar momentos para estar consigo e para alimentar a força suprema que o gerou, conferindo-lhe vida; força que aconselha e acompanha por toda a existência.

E, mais uma vez, para reencontrar o equilíbrio, é preciso mudar. Bem diz Roberto Shinyashiki: "Mudar é dar resposta para uma insatisfação em sua vida!".[11] Deixar de lado a insatisfação é despertar a vontade de querer mudar, trazendo luz, felicidade e realização.

O mundo moderno contribui para que as pessoas vivam mais insatisfeitas. Vivem permanentemente inseguras, sentindo-se inferiores. A constante comparação com as demais as deixa angustiadas e sempre tristes. Se esse descontentamento acontece de modo contínuo, acredite, a insatisfação se torna crônica. As pessoas não conseguem entender por que estão "devagar", não têm ideia do estrago que a depressão promove, e quem vive esse dilema precisa encontrar acolhida e aconchego.

Com várias manifestações em desarmonia, as pessoas reclamam de tudo e todos. Estão sempre desanimadas, negativas, incapazes de aproveitar o que a vida lhes oferece de bom; não se alegram nem mesmo com as próprias conquistas e, pior ainda, preferem idealizar algo que não têm, em vez de buscar a felicidade com o que têm.

---

11 SHINYASHIKI, R. **Facebook**, 14 jan. 2015. Disponível em: https://m.facebook.com/robertoshinyashiki/photos/a.141188142563035.27610.137079806307202/1021989471149560/?type=1&p=10. Acesso em: 7 abr. 2022.

Convívio com a realidade

Todo ser humano tem sensibilidade e capacidade de percepção e de adaptação às diferentes situações que o cercam. Interagimos, compreendemos, sentimos, percebemos, aprendemos e nos integramos à tecnologia. Com a expressão "estar antenado", popularizamos essa realidade que está repleta de sentido; é como se tivéssemos um sensor especial registrando cada acontecimento e o seu impacto em nossa vida, de maneira positiva ou negativa.

Não há fatos a que sejamos indiferentes, sempre existe um registro. Podemos até esquecê-los, mas o registro está arquivado em algum cantinho da memória. Imagine como anda nossa memória, que recebe uma avalanche de informações a todo momento, estimulada pela mídia e pelos demais meios de comunicação. Novas formas de pensar, de agir e de se comunicar são introduzidas como hábitos corriqueiros, e inúmeras são as formas de adquirir conhecimento.

Vivemos uma constante evolução capaz de despertar a imaginação, de enriquecer o conhecimento e as habilidades humanas, até mesmo para inspirar e selecionar o que há de essencial na enorme quantidade de informações contidas na rede. Essa evolução acontece o tempo todo, se expande em todos os espaços, não há limites geográficos ou culturais, a troca de conhecimentos e experiências é efetiva e constante. Saber aproveitar essas mudanças requer curiosidade, vontade de aprender.

A integração tem seu valor: ela ajuda a vencer barreiras. Todo esse movimento está envolvido com o poder de adaptação das pessoas. À medida que o ser humano busca o aperfeiçoamento, procurando adaptar-se às mudanças e situações em que a vida o coloca, ele se realiza, sente-se capaz e cria mecanismos para que outros façam o mesmo.

Uma das características mais notáveis no ser humano é seu poder de se adaptar conforme as circunstâncias. Não chega a ser o mimetismo do bicho-pau... mas não há como negar a capacidade do ser humano em suportar inclusive as dores. Resiliência é a palavra do momento. O bicho-pau se disfarça na natureza, chegando com ela a confundir-se,

FORÇA INTERIOR: A ÚNICA FONTE DE REALIZAÇÃO POSSÍVEL

de tal modo que escapa dos predadores. Não é o que sucede com o bicho-humano pela simples razão de que ele é, a um só tempo, algoz e vítima, o que gera situações cuja administração lhe escapa, e ele sofre com as consequências de seus deslizes. Assim, enquanto o inseto se transforma e escapa do perigo, o ser humano precisa se transformar para suportar o perigo e suas decorrências.

Vivemos uma época em que as pessoas valorizam mais o ter do que o ser e, nela, a internet chegou para revolucionar a forma de trabalhar, "invadindo" o espaço com uma intensa massificação no que tange a quantidade e a velocidade com que as informações circulam. Essa realidade é monitorada o tempo todo e traz dados da plena evolução.

Um trabalho realizado no quarto trimestre de 2019 pelo Instituto Brasileiro de Geografia e Estatística (IBGE),[12] através da Pesquisa Nacional por Amostra de Domicílios Contínua (PNAD Contínua), no módulo temático sobre Tecnologia da Informação e Comunicação (TIC), mostra-nos, no que diz respeito ao acesso à internet e à televisão e à posse de telefone móvel celular para uso pessoal, que o percentual de utilização da internet aumentou 3,6% em relação a 2018.

Considerando os equipamentos de acesso, nota-se que o telefone celular está próximo de alcançar a totalidade dos domicílios que acessam a internet (99,5%), e a sua utilização é cada vez mais alta. Dentro do levantamento, encontramos informações relevantes que destacam a evolução do mundo virtual, deixando bem visível o crescimento da conexão por banda larga em todo o território nacional. Como você está se adaptando a essa nova realidade?

---

[12] PNAD Contínua TIC 2019: internet chega a 82,7% dos domicílios do país. **Agência IBGE**, 14 abr. 2021. Disponível em: https://censoagro2017.ibge.gov.br/agencia-sala-de-imprensa/2013-agencia-de-noticias/releases/30521-pnad-continua-tic-2019-internet-chega-a-82-7-dos-domicilios-do-pais#:~:text=Os%20dados%20s%C3%A3o%20da%20PNAD,domic%C3%ADlios%20que%20acessavam%20a%20rede. Acesso em: 7 abr. 2022.

A desmotivação impede a realização dos sonhos

Diante de todas essas mudanças rápidas e adaptações necessárias, aqueles que não aproveitam as oportunidades ou que não conseguem se inserir na nova realidade acabam desmotivados. Esse sentimento pode gerar acomodação e, em casos extremos, até levar à depressão. Por isso precisamos reagir e recuperar a nossa força. Quando observamos as atitudes das pessoas, em quaisquer ambientes, notamos exemplos de como a insatisfação está presente em sua vida. Parece que já não existe mais nada que possa estimulá-las. A desmotivação é total, retratada pela frustração, insegurança e inquietude diante do vazio em que vivem.

Se passarmos a olhar para dentro de nós e a acessar nossas emoções, buscando o que está nos sufocando, podemos nos surpreender. O autoconhecimento é fundamental para desconstruir situações desfavoráveis em nossa vida, geradas por expectativas não alcançadas. Quantas vezes tentamos encontrar uma saída com novas perspectivas para restaurar ou reequilibrar uma dor, sem nos darmos conta de que a vida está refletindo algo que foi magoado, machucado, agredido em nosso interior, que nos fragiliza a ponto de não conseguirmos enxergar novas expectativas?

A dor pode ser fruto de acontecimentos do passado, como disse antes, um sintoma da história que deixou marcas profundas em seu ser e que ainda o atinge e corrói. A insatisfação é um sintoma de que o equilíbrio interno está abalado, algo pode não estar bem. Mas como a lembrança do que passou pode ter sido apagada, enxergamos como se fosse um problema externo para o qual acreditamos não existir solução. Essa incapacidade de solucionar o problema pode gerar frustração e nos manter em estado de extrema lamentação.

A insatisfação crônica gera uma sensação de infelicidade, de que nada se conecta, está tudo ruim, tudo errado. É desencanto no relacionamento, no trabalho, na família, nada o satisfaz! É como se diz: "Não é a carga que derruba, mas a maneira como você a carrega". É preciso colocar a autoconsciência em prática para perceber que o problema maior não está nos outros, mas em nós, que o carregamos de maneira inadequada. Quando consciente da inversão que promovemos, entendemos que é preciso afrouxar ou desatar o nó que a vida nos impôs para voltar a conviver bem, ter suporte, força de vontade e superar as adversidades.

Procure ter em mente o que você deseja e quais resultados pretende alcançar. Enxergue os fatos de maneira positiva e busque maneiras de encontrar uma solução para o problema. Desapegue-se das expectativas. Administre bem essa situação usando o seu espírito de renúncia, identificando o que é essencial. Tudo do que se possa abrir mão, sem maiores perdas, precisa ser descartado. Experimente, é saudável!

Essa expectativa gera no espírito um placar positivo, porque o importante é o que você faz para contribuir e pacificar as circunstâncias. Um passo essencial para essa desconstrução é desenvolver a humildade para reconhecer as próprias limitações e considerar a oportunidade de ser ajudado. Esse é um ato fundamental para toda e qualquer recuperação. O simples fato de você aceitar a ajuda do próximo já é uma janela que se abre e por onde entrará a maior claridade.

Vamos começar um passo a passo para desatar o seu nó. A seguir, falaremos sobre o primeiro passo do processo.

Identificando a realidade

Conviver com uma realidade na qual a dor está sempre presente é extremamente exaustivo. Já reparou que muitas pessoas acordam cansadas, sem vontade de fazer nada? Um grande desânimo se abate sobre elas. Conhece alguém assim, insatisfeito com tudo? Você já se sentiu assim?

Talvez esse ainda não seja o seu problema, mas pode vir a ser. E por quê? Porque todos somos humanos, temos sentimentos, e eles podem nos surpreender, gerando uma grande insatisfação que limita nossas ações. Como os sentimentos são processados internamente, é bem provável que reflitam externamente a sua dor.

"Conhecer a si mesmo é o começo de toda sabedoria", dizia Aristóteles. Uma experiência dolorosa na vida das pessoas as deixa fragilizadas, tristes, insatisfeitas, simplesmente por não saberem identificar a origem de tamanho incômodo! Buscar o porquê é essencial. Ter humildade para reconhecer sua fragilidade é importante para você resgatar a sua integridade.

E aqui apresento uma história para ilustrar a importância desse autoconhecimento: o relato da vida de uma família extremamente feliz, na qual pai e mãe amavam e curtiam seus seis filhos, crianças alegres que brincavam o dia inteiro, sem cansar. Viviam uma rotina animada até que, de repente, toda aquela alegria deixou de existir. A mãe faleceu!

O pai, muito triste e perdido, vivendo o seu luto, não conseguia imaginar-se cuidando dos filhos. Como ele daria conta desse desafio? Lembrou-se de que uma de suas irmãs, freira, vivia sua vocação em um colégio sob regime de internato. Acreditou ter encontrado a melhor solução, pois as meninas estariam amparadas e protegidas por uma tia, e providenciou a mudança das quatro filhas, que lá passariam boa parte da infância, permanecendo apenas com os dois meninos sob sua guarda paterna direta.

Todo colégio tem normas a seguir, e, naquele, uma delas era agrupar as meninas por faixa etária, deixando a menor delas, com apenas 5 anos, separada das demais. E, mesmo bem acolhida, ela se sentia só, infeliz, triste e distante, não tinha com quem brincar. Tornou-se uma menina solitária. Seu direito de infância alegre e acolhida lhe foi tirado.

Já mais crescida, ficou muito acanhada, sem alegria, sem motivação para recomeçar as brincadeiras com seus irmãos. Viveu intensamente a dor do abandono emocional e da impotência diante daquela realidade. É claro, precisava libertar-se dos sentimentos e emoções tristes que marcaram a sua vida e mereciam superação.

A insatisfação e a tristeza foram sendo trabalhadas e, aos poucos, cederam espaço para uma nova força que desabrochou a partir do autoconhecimento. Com orientação, conquistou a autoconfiança e, gradativamente, libertou-se daquela situação dramática com a qual convivera por tanto tempo. A bem da verdade, segundo Norman Vincent Peale, é que "todo problema contém as sementes de sua própria solução".[13]

---

[13] FRASE de Norman Vincent Peale. **Kdfrases**. Disponível em: https://kdfrases.com/frase/142056. Acesso em: 7 abr. 2022.

FORÇA INTERIOR: A ÚNICA FONTE DE REALIZAÇÃO POSSÍVEL

Você vive ou já viveu algo semelhante, com uma dor emocional intensa? Identificou-se em algum momento com a situação abordada? Já vivenciou, mesmo em sua casa, momentos de não aceitação pelos próprios familiares? Sentiu o vazio de ser destratado, de ser abandonado, e não teve apoio ou forças para reagir?

Acredite, independentemente da situação, existem opções para revertê-la, reconquistando a esperança de momentos melhores. Sempre haverá oportunidade para encontrar soluções favoráveis a partir da análise de cada problema, seja insatisfação no relacionamento ou no trabalho, que gera angústias, ansiedade e outras dores emocionais. Ter humildade para reconhecer seus problemas e as próprias limitações, com modéstia e ausência de orgulho, é apenas o primeiro passo.

O pianista e maestro João Carlos Martins é um expoente no mundo da música. Quando jovem, ainda com 25 anos, foi vítima de uma contusão no futebol, de que resultaram sequelas em três dedos de uma de suas mãos, comprometendo seriamente a sua performance como pianista.[14]

Ele, o maior intérprete de Bach do mundo, estava condenado a nunca mais tocar piano. Mesmo diante dessa limitação, não desistiu de sua vocação. Fez de tudo para viabilizar-se profissionalmente, estudou regência e, em 2004, estreou como regente convidado em concertos na Europa, obtendo êxito na função. Apesar de toda a dor física vivenciada, ele colocou ao próprio favor a sua força interior, que lhe deu suporte para vencer todas as etapas, até que alguém complementou a sua superação.

Ubiratan Bizarro Costa, ou simplesmente Bira, da cidade de Sumaré, é um designer muitíssimo dedicado e que se empenhou a trazer de volta o pianista veloz e habilidoso que era capaz de tocar vinte e uma notas por segundo – um dos índices mais rápidos do mundo, tão veloz quanto um carro de Fórmula 1.

Bira desenvolveu, criou e produziu um equipamento capaz de devolver ao maestro a habilidade de movimentar os dedos sobre as

---

[14] OLIVEIRA, D. O inventor brasileiro que devolveu os movimentos ao maestro João Carlos Martins. **Neofeed**, 15 mar. 2020. Disponível em: https://neofeed.com.br/blog/home/o-inventor-brasileiro-que-devolveu-os-movimentos-ao-maestro-joao-carlos-martins/. Acesso em: 27 maio 2021.

teclas, depois de vinte e dois anos de limitação. Com mais de sessenta anos de carreira, o pianista e maestro João Carlos Martins voltou a tocar piano com as duas mãos: "Não tenho palavras para descrever o que senti quando vi as luvas. Vesti o equipamento, fui ao piano e me emocionei. Agradeço ao Bira por ter aparecido em minha vida!".[15]

O caso do pianista e maestro João Carlos Martins é inspirador para todos os que acreditam no potencial humano, na força de vontade, na simplicidade e na humildade, pois demonstra a força interior que este homem cultivou. Afastado de sua carreira por vinte e dois anos, não esmoreceu! Pelo contrário, buscou desenvolver uma nova habilidade, que lhe permitisse continuar dentro do contexto musical e, assim, tornou-se um excelente maestro.

A identificação da realidade está inserida no contexto das perdas e dores, e a superação começa a ser deflagrada quando, ao tentarmos nos adaptar, sentimos que o incômodo está se dispersando, deixando de existir e tornando-se uma nova realidade. As dores podem ser vencidas e superadas, desde que tenhamos atitudes para enfraquecê-las. Nunca é tarde para agir!

A vida é uma longa jornada, e sozinhos não vamos a lugar algum. Precisamos de suporte para dar e receber, compartilhando conhecimento e amor com todos que nos cercam. Melhor dizendo: prover carências e multiplicar benefícios. Esse movimento de vai e vem preenche lacunas na vida do outro, atraindo gratidão e simpatia. Do mesmo modo, quando multiplicamos efeitos positivos, conseguimos engrandecer o outro e obter reflexos positivos para a nossa vida.

---

[15] FERREIRA, M. João Carlos Martins chega aos 80 anos como maestro da arte da superação. **G1**, 25 jun. 2020. Disponível em: https://g1.globo.com/pop-arte/musica/blog/mauro-ferreira/post/2020/06/25/joao-carlos-martins-chega-aos-80-anos-como-maestro-da-arte-da-superacao.ghtml. Acesso em: 27 maio 2021.

ATIVIDADES

1. Faça uma reflexão e procure se lembrar de momentos dolorosos em sua vida que o marcaram e tente redimensionar esses "fantasmas" do passado que porventura ainda o atormentem. Procure percebê-los por outro ângulo, no qual já tem uma vivência mais consciente. O que faria de diferente? Consegue alterar a sua expectativa? Como? Por quê?

_____
_____
_____
_____
_____
_____
_____
_____
_____
_____

2. Com base nas respostas da questão 1, como poderia avaliar a sua capacidade de adaptação para ressignificar aquela situação e transformá-la em algo positivo para você?

_____
_____
_____
_____
_____
_____
_____
_____

▶▶

3. Tem dificuldade para conquistar as coisas que deseja? O que o impede de realizar seus desejos? Conhece as suas limitações?
_____
_____
_____
_____
_____
_____

4. O que faz para superar os obstáculos que encontra em sua vida?
_____
_____
_____
_____
_____
_____

5. Quais são suas limitações? O que pode fazer para transformá-las em motivação?
_____
_____
_____
_____
_____
_____
_____

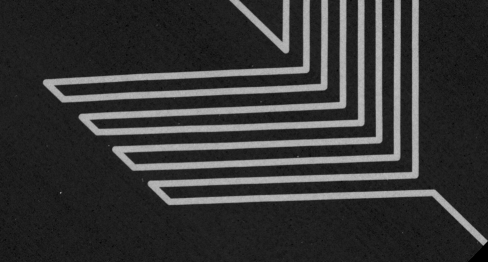

02

o mal do século

O fluxo e a velocidade de informações que chegam até nós

DE ONDE VEM A INSATISFAÇÃO?

Essa insatisfação constante que, atualmente, acomete a maior parte das pessoas vem de onde? Existem inúmeras teorias e possibilidades de respostas que tentam entender, mas todas parecem concordar que uma das causas está relacionada à aceleração do processo de crescimento mundial, arraigada à globalização, viabilizando situações e frustrações em todos nós.

Vivemos um tempo de desafios diante da celeridade e do volume das atividades e informações que chegam até nós. Essa avalanche é motivo suficiente para estimular transtornos e desinformações e comprometer a disposição. O cumprimento das tarefas é deixado para segundo plano, fica limitado e bloqueado, pois as pessoas se sentem cada vez menos capazes. Esse desapontamento de não realização desperta ansiedade e insatisfação, porque queremos fazer o melhor, mas nada se concretiza.

E aí surge o descompasso: a inclinação humana é voltada para a realização pessoal, que acontece através do cumprimento de sua missão ou da realização de um projeto, mas tem se debilitado em função de insatisfações e frustrações. A fraqueza de não conseguir cumprir devidamente as tarefas em função do desgaste emocional é o que deixa as pessoas estagnadas.

O MAL DO SÉCULO

Segundo o grande escritor Tony Robbins,[16] "a dor é o supremo instrumento para alterar uma convicção". Com esse pensamento, damos início ao capítulo. A sensibilidade, inerente à estrutura da natureza humana, torna-nos vulneráveis e nos leva a incorrer na insatisfação.

AÇÕES INTERNAS E EXTERNAS

Fatores internos como personalidade, disposição e sensação do querer, por exemplo, são grandes responsáveis por comportamentos presentes em nossos dias que, na verdade, podem estar relacionados com as dores enraizadas ligadas ao passado, como vimos no capítulo anterior.

Essas raízes se entrelaçam de maneira tão forte que, às vezes, não sabemos como nos libertar delas. Quando persistem por mais tempo, promovem sentimentos que alteram o comportamento natural do ser humano, causam abalo emocional, impotência reativa, frustração, solidão e abandono.

Mas não apenas os fatores internos influenciam no estado geral. Os externos também são capazes de gerar sensações desagradáveis, além de complexos de inferioridade. O intenso fluxo de informações e orientações com que somos bombardeados a todo momento geram, ao mesmo tempo, elevação do *know-how* e sentimento de confusão.

---

16 A dor é o supremo instrumento para... **Pensador**, 2005-2022. Disponível em: https://www.pensador.com/frase/MTE1MjA4Ng/. Acesso em 4 maio 2022.

FORÇA INTERIOR: A ÚNICA FONTE DE REALIZAÇÃO POSSÍVEL

É animador despertar a vontade de conhecer, aprender e encontrar melhores soluções que permitam o crescimento. Entretanto o excesso de informações pode promover também um bloqueio, uma dificuldade de saber onde procurar, em que confiar, já que nem tudo o que está disponível é real ou tem boas intenções. Em meio a esse caos de informações, somos assolados por mais e mais frustrações.

A QUESTÃO É COMO SE CHEGOU A ISSO E POR QUÊ!

Evidentemente, voltada para um panorama cada vez mais lucrativo, a internet expandiu o mundo digital, conferindo-lhe uma incrível agilidade e produzindo uma carga informativa maciça, que nos provoca a dominá-la. É preciso ter consciência do nosso objetivo diante da internet para buscar exatamente o que precisamos, caso contrário, ela pode representar perda de tempo e de objetividade.

Forçados a enfrentá-la, encaramos o desafio, mas com o grande cuidado de manter o equilíbrio dentro de condições preestabelecidas. E apesar desse "domínio" acontecer de maneira cada vez mais rápida, ele acaba nos encaminhando rumo ao estresse.

Perceber essas nuances é ficar atento ao alerta que está clareando as hipóteses. Antes, tinha pressa quem estava atrasado: a sabedoria era manter aquela cadência suportável e constante para satisfazer apenas o necessário. Hoje, quando a velocidade se mostra cada vez maior e o acervo é sempre crescente, a corrida é interna e contra um tempo cada vez mais escasso.

OLHAR VOLTADO PARA O CIRCUITO NATURAL DO SER HUMANO

Lançando o foco sobre a atividade humana e como ela se apresenta, podemos perceber um roteiro natural de como deveriam correr as coisas. Vejamos: no ser humano, sentimos a presença de um **chamamento**, uma vocação provinda de nosso mundo interior. Ele é o nexo entre nossos

talentos, nossos dons, aqueles pontos em que somos mais fortes; a **paixão**, que reúne os elementos que nos inspiram, energizam, empolgam e motivam; e a **necessidade**, que traduz tudo de que o mundo precisa, tanto que nos paga para produzir e promover soluções. Une também nossa **consciência**, que nos impele a fazer o que é certo.

CHAMAMENTO ⇨ TALENTOS ⇨ PAIXÃO ⇨
⇨ NECESSIDADE ⇨ CONSCIÊNCIA

Já se vê que nesse chamamento está o nosso melhor, inexistindo o espaço para a insatisfação. Não há, nem pode haver, qualquer tendência para estar ou ser insatisfeito, ressalvadas, claro, naturezas desconformes com a normalidade, quando diante das arbitrariedades impostas pelos poderosos que querem, à força, conquistar cada vez mais vantagens para si.

A insatisfação é uma dor íntima e, como toda dor, é sinal de que algo não está bem e precisa ser cuidado. O tratamento compatível será ativado no íntimo de cada pessoa, em seu modo de pensar. Será a partir dele que se poderá chegar a uma maneira renovada de pensar e conduzir-se positivamente pela vida. Mas para lutar com o problema, é preciso, antes de tudo, identificá-lo.

A HISTÓRIA EM PAUTA!

Credita-se à ânsia da lucratividade, trazida com a Revolução Industrial, principiada entre os séculos XVIII e XIX, a exploração da mão de obra humana gradualmente substituída pelas máquinas, sempre visando acelerar a produção para gerar maiores ganhos.

Com o crescimento da necessidade de produção, do número de trabalhadores e, claro, da ânsia pela lucratividade, não se mediam esforços. O tempo não devia ser desperdiçado, nenhuma informação podia ser ignorada, nenhum sacrifício era inexigível. Lembram-se da designação "capitalismo selvagem"?

Ocorre que uma crescente pressão no sentido de *produzir mais com menos* começou a vigorar, e do trabalhador passou a ser exigido em demasia.

FORÇA INTERIOR: A ÚNICA FONTE DE REALIZAÇÃO POSSÍVEL

Os sentimentos de empolgação e realização foram se desfazendo, porque quanto mais trabalhavam, mais exigidos eles eram, não havendo limites para a satisfação do comando. A mão de obra desmotivada repercutia apenas como o cumprimento de uma obrigação.

Essa é a cena mais exibida no terreno do trabalho humano: o sistema no qual a mão de obra é bastante explorada para enriquecer o capitalista que, para culminar um porte de exigências ilimitado, acabou por fomentar a insatisfação do ser humano consigo e com o trabalho.

CONHECIMENTO E POSSE

Historicamente, dois grandes impulsos do ser humano garantiram sua individualidade e o seu destaque: o conhecimento e a posse.

O conhecimento é um desejo, um ato de vontade e de necessidade, provocado pela curiosidade que lhe é peculiar. O novo traz em si uma força atrativa que o impele, exige o aprofundamento sobre seu conteúdo, pela matéria, pela forma de funcionamento, pelos efeitos e tudo mais que faz parte do assunto! Verdade que, na conquista dos conhecimentos, o homem assimila e acumula competências, apossando-se delas para o enriquecimento interior. Com essa visão, ele fortalece e potencializa sua capacidade de prosperar.

Assim como o conhecimento, a posse é igualmente uma manifestação de desejo e vontade, dessa vez referente à apreensão, ao privilegiar-se com o ter para si alguma coisa, com exclusividade ou não, mas especialmente com disponibilidade para o livre e desembaraçado uso e deleite, até atingir uma satisfação tão plena quanto possível.

Pode-se observar que tanto o conhecimento quanto a posse dizem respeito à busca pela satisfação pessoal e, consequentemente, pela felicidade. Respeitando sempre as convicções individuais, cada um constrói a felicidade a seu modo. Voltado para a sua conquista, o homem empenha-se ao máximo, até a exaustão. O esforço que ele despende é tamanho que pode gerar fragilidades, como enfraquecimento, instalação de quadros doentios, sofrimentos e tristezas. Ao obter a conquista, esta se torna vazia.

O MAL DO SÉCULO

Em todos os momentos, precisamos ter atenção e foco nos objetivos pretendidos, criando condições efetivas de êxito, driblando as incertezas, palmilhando as certezas, sempre de olho no melhor "terreno". Se fizermos diferente, podemos nos afastar do foco, o que resulta em pouco ou quase nada conquistado. Essa é a razão maior e poucos alcançam o que realmente desejam.

Para exemplificar, apresento uma breve narrativa sobre a escalada do empresário Ricardo Nunes, principal acionista da empresa Ricardo Eletro, cuja frase de impacto é: "A dificuldade faz a gente aprender mais rápido".[17]

Seu pai morreu aos 40 anos, e ele, como filho mais velho, começou a trabalhar, cooperando com sua mãe para a formação da renda familiar. Passou a vender tangerinas na porta de uma faculdade. Em pouco tempo, notou que muitos fregueses potenciais deixavam de comprar as frutas pela inconveniência de ter de descascá-las. Prontamente, passou a vendê-las descascadas. Foi preciso alinhar-se a um desejo razoável da freguesia e, com isso, ampliou o número de interessados.

Algum tempo depois, embalado pelo bom fluxo de venda das frutas e pensando na potencialidade de sua transformação em sucos, passou a vender liquidificadores. Dada a alta concorrência do mercado, optou por uma estratégia tão arriscada quanto intrigante: cobrir as ofertas dos demais fornecedores. Já a essa altura, oferecia outras modalidades de eletrodomésticos em loja.

Perdeu muito dinheiro com a cobertura das ofertas concorrentes, mas oferecer outros itens a bom preço compensou as contas. O aprendizado com as tangerinas e os liquidificadores gerou resultados positivos, e suas teorias praticadas junto ao mercado consumidor rendem-lhe, hoje, à frente de uma rede de varejo, o faturamento de 9 bilhões de reais ao ano. O conhecimento foi seu principal aliado para alcançar seu objetivo.

---

[17] COLDIBELI, L. Órfão de pai, dono da Ricardo Eletro vendia mexerica aos 12; veja 5 dicas. **Economia UOL**, 6 ago. 2015. Disponível em: https://economia.uol.com.br/empreendedorismo/noticias/redacao/2015/08/06/orfao-de-pai-dono-da-ricardo-eletro-vendia-mexerica-aos-12-veja-5-dicas.htm. Acesso em: 8 abr. 2022.

FORÇA INTERIOR: A ÚNICA FONTE DE REALIZAÇÃO POSSÍVEL

SOCIEDADE E CONSUMO

A própria sociedade oferece às pessoas recursos tecnológicos que possibilitam melhorias voltadas para o acúmulo desses dois maiores desejos, bem como para encontrar a tão sonhada promessa de riqueza como fonte de felicidade. Nessas buscas, o conhecimento é cada vez mais exigido, e disso quase não nos damos conta; as descobertas científicas acontecem em um ritmo agudo, e a celeridade é um processo inerente aos nossos tempos. O conhecimento monetizado viabiliza a posse, que passa a ser indicadora de status.

Mas apenas parte da população é prestigiada com esse estímulo. Enquanto isso, o maior contingente de pessoas fica à margem, o que as deixa revoltadas e cada dia mais fragilizadas. Elas são consideradas "perdedoras", alvo até de hostilidades, por muitos rejeitadas, tornando-se vítimas de um velado preconceito.

A sociedade de consumo está diretamente relacionada à racionalização técnica, científica e administrativa. O ser humano se torna um potencial consumidor dos bens que as indústrias passam a produzir. As necessidades são "criadas" por campanhas publicitárias de todos os segmentos, sejam elas virtuais ou não, que invadem os espaços, estimulando a aceleração das inovações para abastecer mundos irreais.

A presença da mídia é muito poderosa, frenética, e desafia a nossa capacidade de percepção, absorção, seleção e retenção de informações; a mídia atropela o nosso cotidiano. Ela impõe necessidades ilusórias, oferece soluções fictícias, cria respostas em que o único fator possível para implementar a vida do ser humano é o ganho econômico-financeiro, sem maior preocupação com as pessoas. Os indivíduos pagarão um preço alto por valorizar muito mais o "ter" do que o "ser", pela falsidade que reveste a ideia de que adquirir bens de produção é atingir a plena felicidade. Na prática, isso produz uma insatisfação contínua, um mal-estar peculiar, pois esse processo faz com que as pessoas queiram cada vez mais, em uma escalada infinita.

Segundo pesquisa realizada pelo *Valor Econômico*,[18] o Brasil lidera o índice de insatisfação com a vida na América Latina e obriga os mercados a venderem soluções para a angústia: 58% da população declara-se pouco ou nada satisfeita com a vida, e 41% sentem que não estão fazendo tudo o que podem para ser felizes. Outro fator nos revela que as fontes de angústia estão na área financeira e profissional: para 57% dos entrevistados, é preciso reinventar a carreira.

Segundo o psicanalista brasileiro Christian Dunker, a citada pesquisa mostra que o mundo digital contribuiu fortemente para criar a noção de civilização do bem-estar, na qual a felicidade já está construída. Mas, em contrapartida, historicamente, desde Platão e outros filósofos, a felicidade é definida como uma espécie de parênteses – são instantes, circunstâncias, efeitos de uma realização. Por exemplo, cheguei ao alto da montanha, fiquei feliz. E agora? Agora acabou.

Reafirme-se: o bem-estar verdadeiro está em ser, não em ter!

EXAME DE POSSIBILIDADES

Constatamos que os benefícios chegaram para os mais desenvolvidos e, ainda assim, o ser humano é facilmente melindrado diante dos avanços tecnológicos. Pelo fato de sermos diferentes nas afinidades, experiências, lembranças, ideias, qualidades, erros e acertos, precisamos estabelecer um nível aceitável de convívio. Mesmo com tantas diferenças, é imprescindível que o indivíduo se prepare para uma caminhada social na qual o físico e o emocional sejam percorridos de maneira estável, com maturidade.

Quantas vezes nos deparamos com pessoas que não assumem suas responsabilidades e estão sempre prontas para culpar os outros por seus erros? Faltam-lhes sensatez, amadurecimento, verdade.

Só aprendemos a viver dentro da vida! A bagagem que trazemos é genética, reunindo tendências, orientações, aptidões, inclinações, tradições

---

[18] SAFATLE, A. Brasil lidera índice de insatisfação com a vida na América Latina. **Valor econômico**, 7 fev. 2020. Disponível em: https://valor.globo.com/eu-e/noticia/2020/02/07/brasil-lidera-indice-de-insatisfacao-com-a-vida-na-america-latina.ghtml. Acesso em: 24 mar. 2022.

FORÇA INTERIOR: A ÚNICA FONTE DE REALIZAÇÃO POSSÍVEL

que prenunciam o que poderemos vir a nos tornar. Contudo competirá a nós mesmos adquirir a bagagem. Em muito dependerá nossas escolhas, como citou Aristóteles: "Somos o resultado de nossas decisões e escolhas". É claro que, com essa ideia, podemos perceber que sempre falta alguma coisa para o ser humano; talvez a formação precise ser constante, pois há sempre novas tendências, novas tecnologias, e em tudo isso consideramos as atualizações diárias. É como completar um quebra-cabeça.

A vida humana se define, entre outras coisas, pela temporalidade. Ela é determinada no intervalo do nascer e do morrer. Na contemporaneidade, a ideia de progresso é latente e tudo o que é novo tem mais importância. Se ficarmos para trás, passaremos a ser descartáveis. Em uma sociedade fundada na filosofia do ter, competir, sobressair e acumular, a figura humana acaba desfigurada em mero objeto mercantil.

Vivemos no século XXI, e aquelas palavras ditas por Aristóteles, passados vinte e cinco séculos, mantêm a atualidade! Dependemos do que somos, dos caminhos que escolhemos seguir. Assim, está aí a nossa vida com as consequências não só de nossas ações, mas também de nossas omissões.

Frente a esse quadro geral constatamos a inexistência, em nossa formação, de uma preocupação formal com o que mais importa: nossa vida interior, na qual padecemos de grande vazio. Prova disso está na solidão experimentada por tantos, mesmo cercados por tantas pessoas, ou nas lamúrias dos que reclamam de um inexplicável vácuo existencial. Esta é a jornada humana: devagar e sempre tateamos inseguros, céticos, sempre buscando algo que conceda um arrimo, uma força efetiva.

No caminho cometemos erros, enganos, somos alvos expostos de nossas próprias fraquezas, e também dos erros e defeitos dos demais: é a batalha da vida! Quantas vezes semeamos felicidade e alegria e colhemos infortúnio e angústia. Isso sempre produz um toque de amargura em nossa estrutura emocional, puxando-nos para baixo.

Ninguém precisa viver assim! E assim nasce a necessidade de nos inteirarmos das causas da insatisfação humana, visando suavizá-la, minimizá-la. Aquela tendência a relacionar quase tudo a um proveito financeiro presente em nossa sociedade leva a um consumo cada vez maior. O capitalismo, presente na maioria das sociedades modernas, desperta nas pessoas a "fome consumista". A imagem da felicidade é sempre esta: ser rico é ser aceito, é ser feliz!

No entanto as formulações econômicas sob as quais os homens produzem, consomem e trocam são historicamente transitórias. O frenesi para o consumo cria nas pessoas a sensação de que só serão completas se dispuserem de determinado bem ou situação, circunstâncias impulsionadas pela constante mutação em seus desejos.

A modernidade coloca preço em tudo. Os seres humanos se medem e se vendem por cargos, por status, por "bens da moda". O tempo passa a ser monetizado. As pessoas querem sempre mais: dinheiro, prosperidade financeira, glamour, tecnologia, poder. Há um constante jogo de interesses que muda rápido e interfere diretamente nas manifestações físicas e emocionais responsáveis pela alteração no comportamento humano, e toda reviravolta gera insatisfação no indivíduo.

No mundo em que vivemos, notamos grandes diferenças nas pessoas: afinidades, experiências, lembranças, ideias, qualidades, erros e acertos. E nessa diversidade é preciso disposição para estabelecer um nível aceitável de convívio. A sociedade é fruto do crescimento do mercado produtivo, das inovações tecnológicas e da imposição da ideia falaciosa de que os bens de consumo são as ferramentas mais propícias a trazer ao mundo felicidade e progresso a qualquer custo, transformando as pessoas em alvo de empresas que colocam seus produtos à venda. Os que não têm condições para a aquisição são tidos como "fracassados", destoantes, fora do padrão.

Ser feliz não mais depende daquilo que se agrega com valores humanos, mas do que se adquire com o capital. Tudo isso é uma palpável distorção da verdade. Trata-se de uma realidade mentirosa, inventada para incentivar um consumo desmedido e cada vez mais lucrativo, para gerar um desejo inato de possuir em todo mundo: de sábios a loucos, de corajosos a covardes.

SEGUINDO O RUMO DA SOCIEDADE

Com a evolução da sociedade de consumo, a insatisfação acompanha as pessoas que buscam coisas de que, simplesmente, não precisam,

FORÇA INTERIOR: A ÚNICA FONTE DE REALIZAÇÃO POSSÍVEL

em uma tentativa falha de suprir seus reais anseios. Por isso, mais uma vez, tornam-se insatisfeitas. Quando a mentalidade está voltada para o consumo, para a necessidade de adquirir mais e mais, a felicidade se distancia. A falta de condições de alguns para adquirir os tais bens faz com que sofram e até sejam vítimas de preconceitos e discriminações, apenas por não atingirem determinado estilo de vida.

A sensação possessiva de "ter" precisa ser repensada para que afrontas, preconceitos e desprezos sejam descartados e para que a real essência da felicidade seja realizada.

As pessoas, de uma maneira geral, querem viver a felicidade ou situações agradáveis e para isso precisam se afastar da dor e do sofrimento. Essa vontade faz parte da sobrevivência do ser humano. Com alegria, o mundo se torna mais acolhedor!

O HOMEM EM CONSTRUÇÃO OU RECONSTRUÇÃO

"Saber não é o bastante! É preciso entrar em ação", dizia Tony Robbins.[19] Com essa mensagem ele mostra o quanto é importante colocar-se em movimento, pois, para mudar hábitos, precisamos ter disciplina, comprometimento e muito foco. A disciplina estimula o comprometimento em querer sair da zona de conforto e buscar o objetivo, o foco. Ela nos motiva a desafiar-nos, a renovar a nossa energia e a seguir em frente. Precisamos estar atentos ao "porquê" buscar aquele objetivo. Torne sua meta forte o suficiente para ajudá-lo a realizar mudanças necessárias para alcançá-la.

A necessidade de estar sempre em movimento, evoluindo, é fundamental para avaliar suas carências e certezas. Observe o seu posicionamento, tenha consciência do que precisa ser ajustado e invista em constantes atualizações. Há sempre algo inovador com novas tendências e tecnologias que podem consideradas. É como estar diante de um quebra-cabeça no qual cada peça se encaixa no devido lugar.

---

[19] NA VIDA, muita gente sabe o que fazer... **Pensador**. Disponível em: https://www.pensador.com/frase/MTE1MjAyNw/. Acesso em: 10 abr. 2022.

O MAL DO SÉCULO

Mesmo cometendo enganos, sem a certeza da melhor opção para continuar a sua busca, siga adiante. As falhas também fazem parte do aprendizado, e devemos assumir a responsabilidade por nossos comportamentos e atitudes. Quando não a assumimos, delegamos aos outros a nossa fraqueza. Transferir seus erros nunca é a melhor opção. A construção ou reconstrução do indivíduo precisa ser sustentada por pilares coerentes com a sua verdade.

Segundo Confúcio,[20] "o homem superior atribui a culpa a si próprio; o homem comum, aos outros". O filósofo, que até hoje é referência e exemplo no que diz respeito a virtudes importantes que devem ser cultivadas pelo ser humano – sabedoria, reponsabilidade, benevolência e empatia –, tinha o hábito de dialogar com seus seguidores, que buscavam sentido moral para sua existência. Sempre trazia mensagens construtivas, como: "Não são as ervas más que afogam a boa semente, e sim a negligência do lavrador". Reflita!

É melhor cultivar virtudes que nos tornam pessoas melhores e ainda levam outras a serem felizes. Aprender a viver, a se conscientizar e a compreender o ritmo das coisas e sua importância na sociedade é inteirar-se da complexidade do ser humano. É estar pronto para participar ativamente de sua existência. É ter consciência da sua capacidade e estar atento aos seus sentimentos e valores em cada momento do dia. Desenvolvendo o autoconhecimento somos capazes de mudanças reais: administrar a autoconfiança, ter disposição para lutar e realizar planos, conquistar segurança e firmar propósitos.

OLHANDO PARA A INSATISFAÇÃO

Viver na insatisfação vale a pena? Oscar Wilde, importante escritor e poeta britânico, declarou que "o descontentamento é o primeiro passo na evolução de um homem ou de uma nação".[21]

---

20 BEZERRA, J. Confúcio. **Toda Matéria**, 2011-2022. Disponível em: https://www.todamateria.com.br/confucio/. Acesso em: 25 mar. 2022.

21 WILDE, O. **Pensador**, 2005-2022. Disponível em: https://www.pensador.com/autor/oscar_wilde/. Acesso em: 24 mar. 2022.

FORÇA INTERIOR: A ÚNICA FONTE DE REALIZAÇÃO POSSÍVEL

Da insatisfação exala uma mescla de negatividade com positividade, esperança de melhora. O ser humano carrega a potencialidade de alterar tudo ao redor, para que sua vida assuma contornos mais harmoniosos! Entretanto depende do autocontrole para promover a mudança. Quando insatisfeitos, e tendo a consciência de que podemos melhorar, se estimulamos a força de vontade, a determinação, a persistência e o foco, conseguimos progredir e evoluir dentro da situação.

Vamos conhecer o caso de Joanne, uma jovem inglesa que, aos 25 anos, era mãe solo, desempregada, tinha problemas financeiros e sofria de depressão. É preocupante um ser humano impregnado com a negatividade! Ele enfraquece, abre espaço para a insegurança, diminui o próprio valor, como que pretendendo justificar a insatisfação. O sentimento é o de que "não presto para nada". Se ela optasse pela fragilidade, pela estagnação, pelo derrotismo, pela autocomiseração e vitimismo, não teria colhido tanto sucesso.

Insatisfeita com o curso que a vida tomara, usou seu potencial interior, agarrando-se ao sentido da positividade e, simplesmente, transfigurou toda a sua existência. Ela procurou reerguer-se, enfrentando a dura realidade. Tornou-se autoconfiante e conquistou seu objetivo. Concebeu uma história que se desenvolvia em uma escola de magia e bruxaria, criando as narrativas de Harry Potter.

A trama do bruxinho com uma cicatriz na testa surgiu inesperadamente em sua cabeça, durante uma viagem de trem em 1990. O mundo da ficção ajudava Joanne Rowling a passar o tempo e a desligava das dificuldades com que sofria, como a falta de dinheiro e as manifestações depressivas.

J. K. Rowling, como é hoje conhecida, apresentou *Harry Potter e a Pedra Filosofal*, o primeiro livro da série, a oito editoras diferentes antes de conseguir publicá-lo, em 1997, pela Bloomsbury Press. Atualmente, a obra conta com mais de 120 milhões de cópias comercializadas. Em 2012, seus livros já haviam sido traduzidos para mais de 73 idiomas e vendido cerca de 450 milhões de exemplares, na maioria para crianças e adolescentes. Joanne tornou-se a mulher mais rica da história da literatura.[22]

---

[22] FRAZÃO, D. J. K. Rowling: escritora britânica. **E-biografias**, 2000-2022. Disponível em: https://www.ebiografia.com/j_k_rowling/. Acesso em: 25 mar. 2022.

FECHANDO...

Diante de todo esse relato, podemos constatar que temos orientações que podem nos levar a superar a dor, a insatisfação. Muitas vezes elas nos motivam a sermos mais fortes, para descobrir a força e o poder que temos dentro de nós.

A dor, apesar de aparentemente física, tem ligação direta com a mente. São fatores internos e externos que proporcionam em nós essa sensação. Como se não bastasse a repercussão no próprio organismo, deparamo-nos no cenário mundial com uma vasta sequência de fatos que contribuem para o desenvolvimento desses transtornos no decorrer dos tempos.

Nos dois *cases* de sucesso relatados neste capítulo, de Ricardo Nunes e J. K. Rowling, identificamos como os aspectos internos e externos se apresentam. Ambos concluíram de maneira positiva uma situação de luta e força de vontade, provando que, sim, é possível vencer a dor. A insatisfação foi utilizada como ponto de partida para uma nova vida.

Devemos buscar alternativas que impulsionem essa mudança. O ser humano pode cultivar suas virtudes, desenvolver sua potencialidade interior e procurar um equilíbrio maior para aprender a viver feliz, longe de tanta estagnação.

Por vezes, sentimo-nos tolhidos, como se algo bloqueasse nosso comportamento. Esse bloqueio é um mecanismo de defesa inconsciente que funciona como um escudo para evitar o sofrimento. A ele, respondemos com emoções que podem limitar o nosso crescimento. Por isso, ter consciência deles ajuda na transformação. Eles precisam ser desconstruídos para dar lugar ao extraordinário.

Já reparou que algumas vezes agimos de maneira "preocupada", como se não acreditássemos em nosso próprio potencial? Fazendo menos do que a nossa capacidade permite, limitando as próprias ações? Talvez por medo de sofrer ainda mais, boicotamo-nos, estimulamos um sofrimento desnecessário que pode se reverter em trauma. Precisamos mudar isso!

ATIVIDADES

Cada um de nós tem sua história e vive a própria experiência, que é única! Que tal, por meio de uma breve avaliação, imaginar situações que podem gerar uma real transformação?

1. Destaque dez atitudes que praticou e que marcaram seu comportamento.

_____
_____
_____
_____
_____
_____
_____
_____
_____

2. Anote dificuldades ou traumas que vivenciou e que o impediram de viver uma vida plena.

_____
_____
_____
_____
_____
_____

▶▶

3. Faça uma lista dos obstáculos que enfrenta e atrapalham a sua caminhada. Escreva, diante de cada um, o que acha que pode ter desencadeado o problema. Foram motivos internos ou externos?

_____
_____
_____
_____
_____
_____

4. Tenha consciência de cada bloqueio. Pense o quanto limitou suas ações.

_____
_____
_____
_____
_____
_____

5. O que mudaria para tornar-se mais independente? Projete essa ideia para construir um novo comportamento, novas atitudes.

_____
_____
_____
_____
_____
_____

Tenha consciência de seus bloqueios!

03

o autoconhe-cimento

A força do autoconhecimento

No capítulo anterior lembramos que a busca por conhecimento é um impulso natural para o ser humano que, integrado à natureza, tem necessidade e curiosidade de entender sempre mais e melhor a realidade em que vive. A própria sobrevivência está vinculada ao conhecimento de fatos e de circunstâncias que, somados, oferecem a medida necessária para experimentar o caminhar na estrada da vida.

Perceba quanto o ser humano evoluiu! Os nossos antepassados passaram de coletores a caçadores, descobriram o fogo, protegeram-se das intempéries e dos predadores, formularam meios de convivência, sistemas políticos, descobriram o átomo, chegaram à Lua, desenvolveram a tecnologia da informação e mergulham cada vez mais fundo na ciência. Os conhecimentos conquistados ao longo do tempo materializam cada vez mais as ideias que explicam o universo exterior, no qual o homem é apenas um ator em meio a tantos outros com quem convive.

É do cérebro humano que sobressai a forma peculiar de pensar. É um ato tão importante que o filósofo francês René Descartes o fez entrar para os anais da filosofia com a sua máxima: "Penso, logo existo!".[23] Se fizermos um paralelo entre a nossa estrutura interna e as águas de um rio caudaloso, no qual os afluentes se direcionam ao mar, percebemos com mais facilidade que nós também temos afluentes – a consciência,

---

23 MENEZES, P. René Descartes. **Toda Matéria**. Disponível em: https://www.todamateria.com.br/descartes/. Acesso em: 10 abr. 2022.

O AUTOCONHECIMENTO

a inteligência, os pensamentos, as emoções e os sentimentos – que se direcionam a uma estrutura maior, que formam o nosso ser.

Em nosso íntimo existe uma força desconhecida e poderosa que, sem dúvida, precisa ser explorada e compreendida. O desconhecimento desse poder torna o solo de nossa interioridade desértico, e nele caminhamos lentamente, com dificuldades. Para mudar esse cenário, precisamos preparar o terreno, remover os resíduos e implementar algo novo que nos permita melhorar o acesso à nossa essência, entender as possibilidades de gerar transformação, construir a paz e a serenidade, e desfrutar delas e dos demais benefícios que existem dentro de nós.

A grande vulnerabilidade é a interior

Partindo do princípio de que o autoconhecimento é fundamental para a nossa vida, ao procurarmos conhecer e entender os porquês, desenvolver a capacidade de olhar para dentro e valorizar virtudes e dons recebidos ao nascer, podemos alcançar uma vida mais leve e realizada, implementando nosso propósito, enriquecendo-nos.

Com essa maior amplitude, podemos avaliar nossos pontos fortes e fracos, fortalecendo os fracos para estimular maior equilíbrio entre eles e criar a mentalidade de crescimento. A "fórmula" é integrar interior com exterior.

É interessante notar que, quando o assunto é pontos fortes, tudo flui com mais facilidade, e logo nos lembramos de habilidades e capacidades

FORÇA INTERIOR: A ÚNICA FONTE DE REALIZAÇÃO POSSÍVEL

desenvolvidas a partir deles. É uma projeção positiva! Porém, quando precisamos avaliar os pontos fracos, o resultado é lastimável, desafiador, parece que ficamos sempre devendo algo. Nesse embate é essencial desenvolver a autoconsciência para permanecer de pé diante das fraquezas e procurar substituí-las por forças revigorantes.

Com o interior fortalecido, projetamos com mais facilidade o nosso exterior. As evidências responsáveis tornam as decisões mais pertinentes e estáveis, permitindo maior desenvoltura para conquistar os objetivos planejados. Se assim não for, nos sentimos incapazes, massacrados pelo acúmulo de tarefas.

Ilustrando a ideia

As consequências impostas por um turbilhão de preocupações acumuladas podem gerar problemas psíquicos, psicológicos e fisiológicos. São o resultado de um desequilíbrio na mente humana. Imagine um tonel capaz de reter grande volume de líquido, no qual todos os dias é lançado mais um copo cheio de água. Aos poucos, ele estará cheio até o limite!

A exemplo do tonel, se diariamente acrescentarmos à nossa mente novas preocupações, problemas, situações adiadas, mal decididas e não resolvidas, acabaremos saturados, desmotivados e bloqueando o nosso raciocínio. Perdemos a vontade e a disposição para solucionar tanta confusão mental, um verdadeiro caos! "Não aguento mais, estou cheio!", é a nossa primeira reação.

Viver um dia de cada vez é uma opção sábia. A partir do planejamento, estabelecemos prioridades e necessidades para cada período. É humanamente impossível acumular tarefas de vários dias, juntando sempre aquelas que deveriam ter sido priorizadas, mas não foram. "Deixar para depois" é uma atitude que pode atrapalhar o encaminhamento de qualquer projeto e se tornar um obstáculo de difícil transposição.

Para minorar o "peso de cada dia", é preciso fazer uso de boa administração e seguir o planejado para que o processo caminhe de maneira ajustada, em paralelo com o autoconhecimento, para lidar, de modo profundo, com suas qualidades e fraquezas.

O AUTOCONHECIMENTO

Observar para conhecer

É válida a ideia de buscar o autoconhecimento para sanar desgastes que interfiram na saúde, obstaculizando uma melhor convivência em família, no trabalho, nas relações sociais e, especialmente, consigo mesmo. Sócrates já tinha chegado a essa conclusão no século V a.C.: "Homem, conhece-te a ti mesmo".[24] A necessidade dessa busca permite o crescimento e melhora a qualidade de vida de cada um de nós.

Experimentar momentos de dor e tristeza gera frustração em nossa caminhada, por isso buscamos respostas para resolver situações problemáticas. Nosso objetivo maior é substituir o incômodo por algo promissor. Mas observe: a dor também faz parte da nossa vida, e precisamos fazer dela uma alavanca para a transformação. Trazer de dentro de nós uma solução potencializadora é amenizar a situação e trazer maior equilíbrio ao contexto.

Diante da citação de Sócrates, podemos afirmar que a observação é a primeira forma de tomar conhecimento de algo. E, em virtude disso, a auto-observação será a melhor maneira de nos conhecermos.

O autoconhecimento e a autoconsciência possibilitam que o ser humano entenda e descreva o próprio comportamento. Trata-se de um mecanismo saudável de equilíbrio emocional que nos ajuda a agir de maneira mais solidária e comunicativa, fazendo de nós seres mais sensíveis e capazes de reconhecer as próprias falhas e culpas diante das pessoas, além de trazer clareza dos pontos que precisam ser desenvolvidos.

Ao examinarmos nossos pensamentos, percebemos a potencialidade que existe dentro de nós, despertamos a consciência, a capacidade para tomar decisões e fazer as escolhas mais acertadas. A responsabilidade fica em nossas mãos. Isso porque, quando autoconscientes, sentimos ser o foco da nossa atenção.

Através da técnica do espelho, uma ferramenta utilizada para testar os níveis de autoconsciência em bebês e crianças pequenas, podemos

---

[24] FRAZÃO, D. Sócrates: filósofo grego. **E-biografias**, 2000-2022. Disponível em: https://www.ebiografia.com/socrates/. Acesso em: 25 mar. 2022.

FORÇA INTERIOR: A ÚNICA FONTE DE REALIZAÇÃO POSSÍVEL

experimentar essa identificação. Ao colocá-los diante de um espelho, observe como ficam atentos, como se olham, como se observam. É uma tática para começar a identificação.

Ter e ser

O ter e o ser são uma dupla divergente, mas não oponente, que atua em nossa vida diariamente, permitindo que utilizemos cada qual dentro de certos limites. O **ter**, muito valorizado atualmente, deve se limitar ao essencial à nossa boa sobrevivência, não se extrapolando para aquisições fúteis ou desnecessárias. Por outro lado, o **ser** nos propicia paz e silêncio, que nos levam a acessar a nossa força transformadora para o crescimento interior e exterior.

De modo geral, devemos nos encaminhar para posições altruístas, para a doação pessoal e em causas humanitárias. Entretanto, o que normalmente acontece é que o **ser** só aparece diante das catástrofes, naturais ou forçadas pelo homem.

É evidente que o descompasso ocorre na medida em que se enfatiza isolada ou mesmo majoritariamente apenas um deles. Se priorizo absolutamente o ser, viverei em uma sintonia tão alta que passarei a ignorar os outros, deixando de contribuir para com a sociedade em que vivo e praticamente me negando como um ser integrado a ela. Por outro lado, se priorizo totalmente o ter, ficarei mergulhado na sociedade de consumo, buscando um volume de posses cada vez maior até chegar ao ponto da impossibilidade literal de desfrutá-las todas.

Daí se vê que, como tudo na vida, o ideal reside no equilíbrio: ter o necessário e ser o essencial são condições plenas de um viver social.

Sinta sua força transformadora

Reconheça seus sinais, ouça os seus batimentos, sinta a vida pulsando em você! Sinta as sensações, perceba os pensamentos, entenda seus valores e compreenda o que se passa em seu interior. Inicie a jornada de maneira gradativa e aos poucos despertará a criatividade e a inspiração.

O AUTOCONHECIMENTO

Quando identificar o seu Eu verdadeiro, observe que seu corpo se acalma e você se torna capaz de diminuir os sintomas que tanto o incomodam, como ansiedade, depressão, pânico. Inspire e contemple essa satisfação que o levará ao caminho que sempre foi seu, mas que era desconhecido até então.

Essa interiorização pode ser buscada através da meditação, de orientações específicas, da construção de pensamentos que o levem a contemplar o belo, a ficar diante dos conceitos de ter e de ser. Com a frequência dessa tomada de consciência, permitimos conhecer o nosso interior de maneira mais clara e verdadeira, que é essencial, pois mostra aspectos que refletem na vida social.

O autoconhecimento estimula a busca do que acontece em nosso interior, as causas, positivas ou negativas, capazes de criar tantas alterações. Diante dos resultados detectados, podemos avaliar e refletir sobre a necessidade de modificá-los ou não conforme a nossa intenção; se buscamos mais equilíbrio ou se pretendemos manter a estabilidade encontrada, por exemplo.

Essa reflexão representa o início de um percurso importante para exercitar a liberdade de escolha através do autocontrole, viabilizando a transformação da nossa conduta. A liberdade caracteriza-se pelas preferências de cada um, sem qualquer outra determinante que não a nossa prudente vontade. Prudente, sim, porque é preciso estar ciente de que você arcará com a responsabilidade de cada ato praticado. Essa habilidade ajuda a ter inteligência emocional, capacitando-nos a dominar os próprios impulsos, emoções e paixões.

É provável que você já tenha visto uma pessoa perder o controle de suas emoções e ter uma reação exageradamente negativa diante de um acontecimento. Até mesmo começando uma discussão com outra pessoa e promovendo atritos. Isso é extremamente desagradável! Bem diferente da pessoa que se descontrola com facilidade, encontramos outras que na mesma situação tendem a dialogar, a explicar o ocorrido e a tentar entrar em acordo. A modificação do comportamento mostra a sensibilidade, a percepção do que é mais adequado ou não, qual alteração é a mais indicada até para a sua preservação.

FORÇA INTERIOR: A ÚNICA FONTE DE REALIZAÇÃO POSSÍVEL

Considerando a inteligência emocional essencial em nossa vida, precisamos aprender a agir com mais leveza, evitando estresse, com paciência e perseverança para superar os obstáculos e as dificuldades que surjam. Segundo o psicólogo Daniel Goleman, a consciência das emoções é essencial para o desenvolvimento da inteligência do indivíduo. O autor defende que a incapacidade de lidar com as próprias emoções pode minar a experiência escolar, acabar com carreiras promissoras e destruir vidas.[25]

Por que investir no autoconhecimento?

Muitas pessoas não fazem a menor questão de se autoconhecer, mas é justamente para combater o desânimo e a fraqueza que precisamos fazer isso. Encontrar em nosso interior a solução para nos potencializar, amenizar as emoções, promover paz e tranquilidade à nossa existência não é apenas um grande sonho, mas algo essencial.

Reencontre a sua essência e conheça o Eu verdadeiro, para com ele encontrar respostas para fortalecer a si mesmo e vencer desafios, dores e sofrimentos, trazendo orientação para cada decisão.

Você pensa em ser mais feliz e conquistar melhores resultados? Se a resposta for **sim**, saiba que vale a pena investir no autoconhecimento porque, independentemente de seu objetivo, você enfrentará limitações e obstáculos, e ele será seu grande aliado para contornar essas barreiras sem desistir diante da primeira porta fechada. Para os que desejam vencer e seguir o caminho, superar limites é uma obrigação valiosa. Quando cientes das nossas limitações, nos desafiamos a vencê-las, pois precisamos substituí-las por algo que promova o fortalecimento do nosso comportamento através de pensamentos e sentimentos mais afinados com a realidade.

---

25 PENSADORES que inspiram: Daniel Goleman e a inteligência emocional. **LIV**, 2 set. 2020. Disponível em: https://www.inteligenciadevida.com.br/pt/conteudo/daniel-goleman-e-a-inteligencia-emocional/. Acesso em: 25 mar. 2022.

É olhando em outras direções que temos a possibilidade de encontrar novas oportunidades e perspectivas. Converse com pessoas que já venceram obstáculos para ultrapassar desafios, etapas que você possivelmente também enfrentará nesta caminhada. Elas têm muito a compartilhar, e você, com certeza, adquirirá novos conhecimentos e atitudes para adaptar ao seu crescimento. Mesmo se as tentativas não surtirem o efeito esperado, não desista! Tente novamente. Os erros são potenciais aprendizados. Superar limites garante a realização de um sonho por meio da força de vontade e da persistência. Essa força você encontra através do autoconhecimento.

Quando conscientes de quem somos e quando sabemos o que queremos, podemos criar as próprias decisões. O processo de autoconhecimento facilita isso, aumenta as possibilidades que enxergamos, amplia a consciência, traz autonomia e segurança para nossas ações. Com ele aprendemos a superar as fraquezas, pensar antes de agir e a sempre assumir a responsabilidade de nossos atos.

Como alcançar o autoconhecimento

Parece distante, mas ele está mais próximo do que imaginamos. Você pode alcançá-lo através do isolamento pessoal ou pela interação social.

Pelo **isolamento pessoal**, a partir do silêncio, da solidão e do recolhimento, no qual as pessoas conseguem aprofundar-se em si, sondando os caminhos interiores em busca de respostas, conforme fluem as suas mentes.

Pela **interação social**, através de intensa troca de ideias e experiências que projetam tendências e possibilidades de comportamentos, viabilizando estudo, classificação, comparação, e que permitem a identificação de caminhos.

Em qualquer uma das opções tem-se a oportunidade de constatar a maneira de pensar, os fatores que a ela conduzem, promovendo a liberdade para a escolha, o exercício do autocontrole e a modificação da conduta.

FORÇA INTERIOR: A ÚNICA FONTE DE REALIZAÇÃO POSSÍVEL

A liberdade caracteriza-se pelas preferências, mas é importante ser prudente, pois as consequências serão de sua responsabilidade. Já o autocontrole pondera a conveniência, a oportunidade e o interesse em praticar determinada ação ou não, conforme o seu interesse e as possíveis consequências. Esses fatores somados medem a sensibilidade e a percepção, definem de que modo nos conduzimos, o que é adequado ou o que deve ser alterado.

Encontrando o labirinto

Quando dispostos a desenvolver o autoconhecimento, estamos, na verdade, iniciando uma trajetória em nosso interior para entender quem somos. Nesse caminho, deparamo-nos com um grande labirinto, cheio de opções que podem nos levar na direção de muitos desafios. Desafios esses que nem sempre conseguimos vencer sozinhos. As reações são diferentes de pessoa para pessoa. O que para umas pode levar a um rápido *insight*, para outras pode ser um transtorno. Diante dessa realidade, nos damos conta da existência de inúmeras fraquezas, muitas mais do que pensávamos ou do que gostaríamos de admitir.

Uma dessas fraquezas, a que nos referimos não apenas por sua constância, como pelos complexos dela decorrentes, é a vitimização ou síndrome do "coitadinho". O estúdio de animação Hanna-Barbera, mirando esse fato, criou a dupla Lippy e Hardy,[26] em que Hardy era uma hiena a reclamar eternamente com seu chavão: "Ó céus, ó vida, ó azar, isso não vai dar certo!". Evidentemente, a criação do desenho tomou por base e inspiração a experiência de vidas e mais vidas em que as pessoas assim se portavam – e, pior, foi sucesso por muitos anos entre a criançada e os adultos a atestar que reconheciam na ficção o fundo de verdade, além de seguir ainda bastante atual.

Embora seja forçoso conviver com nossas fraquezas, precisamos nos alertar para romper com elas quando for possível, e isso depende muito

---

[26] TIMBÓ, P. Oh céus, oh vida, oh azar – Sou vítima das circunstâncias. **ArteCult**, 21 fev. 2018. Disponível em: http://artecult.com/auto-sabotador-a-vitima/. Acesso em: 25 mar. 2022.

O AUTOCONHECIMENTO

de nós mesmos. Urge vencê-las, pois elas funcionam como amarras e nos escravizam. Tal não condiz com a nossa natureza vocacionada que está para a liberdade. O último dos absurdos humanos seria o homem escravizar-se a si mesmo!

Devemos administrar essas fraquezas, até superá-las, quer pela auto-observação, quer pelo criterioso conselho alheio. Detectada certa debilidade, encontre um ponto forte em si para se apegar a ele. Se não encontrar, apure-se e torne-se forte em algum ponto. Você pode, se acreditar que pode! Entretanto muitas pessoas ainda têm dificuldade de encontrar esse tal ponto forte... Por isso, apresento um exemplo tão primário quanto bom para essa finalidade.

Um ponto forte se firma a partir de algo importante. O que pode ser mais importante do que ajudar alguém?

Faça algo de bom por alguém, qualquer coisa, contanto que coopere para reduzir a carência ou o sofrimento alheio. Não se iluda: fará bem a ele e a você. Você se sentirá vigoroso por força do bem praticado. O bem nos dá força!

Diariamente somos alvo de mudanças nos mais diferentes sentidos. São mudanças que não pedimos e muitas vezes não queremos, mas elas chegam e se instalam. E aí? Ora, já que a vida é assim, por que não poderemos instalar alguma mudança que efetivamente queiramos? O grande manancial está em promover ações benéficas, abstendo-nos terminantemente de qualquer ação malévola.

Se a vida fosse um jogo e estivéssemos perdendo, seria preciso, primeiro, buscar o empate. Ou seja, para cada erro, é necessário um acerto; para cada defeito, uma qualidade; para cada imperfeição, uma correção; para cada débito, um crédito; para cada perda, um achado. Uma perfeita compensação! Ora, quem sabe um dia viramos o jogo, passando à frente no placar?

Estando às voltas com o autoconhecimento, chega-nos importante notícia referente às nossas emoções. Trata-se da circunstância de que são fontes valiosas de informações, emprestando-nos, inclusive, suporte para nossas escolhas e decisões. Entretanto, sua amplitude possui ainda maior expressão se aprendemos a confiar nelas. Tornam-nos aptos a ajustar os limites necessários para a proteção de nosso bem-estar físico e mental.

Nas emoções, peculiares a toda a humanidade, vive o potencial com aptidão para recuperar e cuidar do Bem, da Paz e do Amor universal, ou, trocando em miúdos, um melhor entendimento para a humanidade como um todo. Observando o nosso potencial, trazendo à tona os princípios que nos regem, nos tornamos capazes de evoluir e crescer, aprimorando os talentos que se manifestam de diversas maneiras: seja pela escrita, pela fala, pela criatividade... não importa qual. O mais importante é: quando fazemos algo de que gostamos e que envolve talento, nos sentimos felizes e realizados; sem contar que é extremamente estimulante!

Afinal, quando expressamos algo valioso, elevamos nossa autoestima, nos tornamos confiantes. Tudo a partir do "desenvolvimento de um novo nível de pensamento, que vem de dentro para fora, e se volta para a eficácia pessoal e interpessoal".[27] A porta de entrada para solucionar problemas está disponível a todos nós, só precisamos estar atentos para distinguir a melhor opção para cada situação. As opções podem trazer estratégias que orientam o passo a passo, mas também encontramos algumas que querem retaliar, facilitar a caminhada, estabelecendo atalhos que podem levar a resultados menos eficazes. Se optar por soluções "rápidas" para ganhar tempo, o resultado pode ser frustrante. Elas contribuem para piorar a situação.

A importância da autoestima

Autoestima é a qualidade que pertence ao indivíduo satisfeito com a sua identidade, ou seja, uma pessoa dotada de confiança e que valoriza a si mesma. Falar em autoestima é falar da confiança em seus valores, crenças e potencial interno. Essa valorização determina o nível dessa característica, para mais ou para menos.

---

[27] COVEY, S. R. **Os 7 hábitos das pessoas altamente eficazes**: lições poderosas para a transformação pessoal. Rio de Janeiro: BestSeller, 2017.

O AUTOCONHECIMENTO

Quando a autoestima é elevada, a pessoa tende a sentir-se empoderada, perseverante diante das situações, demonstrando maior potencial para impactar o inconveniente. Isso a deixa sempre alerta para as oportunidades que surgem, pois aceita os acontecimentos como desafios, acreditando na própria capacidade. Por outro lado, pessoas com baixa autoestima não acreditam nas próprias intuições e criatividade para deslanchar os desafios, porque se sentem incapazes, tornam-se mais retraídas.

Conhecer a si mesmo permite identificar os pontos fracos e fortes e descobrir o que precisa ser melhorado, procurando valorizar as qualidades. Essa compreensão reflete na autoestima que reflete, por sua vez, nas questões relacionadas às emoções, às crenças e aos valores, influenciando diretamente o comportamento das pessoas.

Em um convívio social no qual a exposição é mais evidente, é possível perceber a aceitação ou não por parte do todo. Se uma pessoa é bem-aceita e acolhida, é receptiva naquele ambiente, logo abre a opção de sentir a autoestima em um movimento de ascensão, o que permite fortalecer o interior e superar as expectativas.

A revelação da autoestima desperta a confiança. Quando conscientes e providos da autoestima, acreditamos que somos autossuficientes e, assim, com ponderação, passamos a ressignificar nossas atitudes, mantendo-nos abertos às transformações benéficas e sempre prontos para evoluir. Quanto mais aceitamos e gostamos de nós mesmos, maior a probabilidade de realmente gostarmos dos demais.

A integridade se impõe por si. Por mais inteligentes, cultos, sagazes e ponderados que possam ser os humanos, somos todos sujeitos a erros, falhas, defeitos e imperfeições. A grande capacidade de reconhecer e avaliar os próprios sentimentos e os dos outros, bem como capacitar-se para lidar com eles, está relacionada a diversas habilidades, como a automotivação, a persistência diante das frustrações, o controle e a canalização dos impulsos inesperados; pontos que facilitam o engajamento do próximo em atividades edificantes e proveitosas.

FORÇA INTERIOR: A ÚNICA FONTE DE REALIZAÇÃO POSSÍVEL

O psicólogo Howard Gardner da Universidade Harvard, nos Estados Unidos,[28] propôs uma nova visão para a inteligência humana, compondo-a por diversas competências. Entre elas, identificou a intrapessoal, ou seja, a capacidade de relacionar-se consigo, o autoconhecimento. Ele a retrata como natural inclinação e habilidade para administrar sentimentos e emoções, favorecendo objetivos e projetos pessoais. É, por assim dizer, a inteligência da autoestima.

A questão da autoestima possui ligação com determinados comportamentos que tanto podem ser inatos como aprendidos e incorporados, conforme cada caso. Por exemplo, adotar postura positiva diante da vida, ter senso de oportunidade, ser bom ouvinte, ser resoluto, ser resiliente e saber se adaptar às mudanças são características que marcam o posicionamento das pessoas.

Aceitar a vida como ela é traduz humildade e paciência. Disso constata-se que é enfrentando nossas fraquezas, necessidades e angústias que nossa força interior vem em nosso socorro e nos favorece com sua presença verdadeiramente redentora!

---

[28] QUEM é Howard Gardner e o que é a Teoria das Inteligências Múltiplas. **LIV**, 8 ago. 2018. Disponível em: https://www.inteligenciadevida.com.br/pt/conteudo/quem-e-howard-gardner-espe cialistas-em-educacao/. Acesso em: 25 mar. 2022.

ATIVIDADES

Responda, simples e objetivamente, às perguntas abaixo para despertar o autoconhecimento.

1. Eu me esforço para construir o melhor para mim?
_____
_____
_____
_____

2. Por que devo me esforçar para respeitar meu semelhante?
_____
_____
_____
_____

3. Tenho humildade para pedir ajuda?
_____
_____
_____
_____

4. Como me posiciono diante da vida?
_____
_____
_____
_____

5. Como anda minha autoestima?
_____
_____
_____
_____
_____

6. Eu me aceito como sou?
_____
_____
_____
_____
_____

7. Sou preconceituoso? Como posso superar esse defeito?
_____
_____
_____
_____
_____

8. Sinto que preciso melhorar em algum aspecto?
_____
_____
_____
_____
_____

9. Costumo buscar soluções para resolver dificuldades? Como?
_____
_____
_____
_____
_____

10. Qual meu maior valor: ter ou ser? Por quê?
_____
_____
_____
_____
_____

Com base em suas respostas, escreva um pequeno texto com o título **"Como sou hoje"**, sentindo a sua espontaneidade e manifestando-a com liberdade. Procure ser honesto, afinal está falando consigo mesmo! Coloque a data para saber quando foi escrito. Esse é o seu perfil no dia de hoje, uma espécie de fotografia instantânea. Que tal?

Mais adiante, quando quiser perceber as mudanças reais, releia este capítulo, o texto que você produziu e elabore um novo, atentando para as mesmas perguntas. Constate as mudanças. A partir daí, estabeleça uma linha de evolução para você. Desperte a vontade de mudar para melhor!

_____
_____
_____
_____
_____
_____

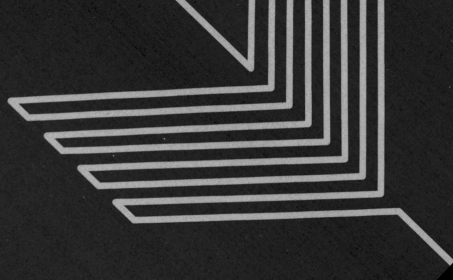

04

conscientize-se de sua limitação

Contextualizando a limitação

Todas as pessoas têm limitações de ordem física, emocional ou comportamental, que surgem diante de diferentes ocasiões, sem que saibam ou possam identificá-las. Essas limitações são originadas de crenças que internalizamos e que definem nossos comportamentos através de medos, ambições e pensamentos que tomam conta da vida, impedindo o crescimento. Mas é preciso conhecê-las em detalhes para romper a zona de conforto. Na verdade, elas sabotam as mais legítimas pretensões, os planos mais ardentemente elaborados.

Por isso, compreendê-las de maneira mais objetiva é superimportante. Quando sentimos as limitações, podemos nos imaginar colocando uma lente de aumento sobre delas. Com o foco potente, temos mais nitidez e clareza para tentar entendê-las e questioná-las. Por exemplo: Por que não gosto de aceitar a colaboração dos outros? Sinto-me inferior? Ressinto-me de mostrar ignorância, fraqueza? Fico sem jeito de incomodar os demais? Por que não acredito em mim? Faça uma reflexão e avalie suas respostas, assim terá mais chances de fortalecê-las.

Diria que a "virada de chave" é necessária para despertar e acionar a mente. Pense: há pessoas que gostam de ajudar, e ninguém nasce sabendo tudo, então por que não aceitar e aprender com quem está disponível? Também nós podemos oferecer ajuda a outras tantas pessoas. A reciprocidade tende a acontecer naturalmente e fortalece a solidariedade, estimulando um crescimento humilde.

CONSCIENTIZE-SE DE SUA LIMITAÇÃO

Quando boicotamos a chance de mudanças, os pensamentos negativos enraízam-se em nossa mente e se encarregam de integrar um círculo vicioso, bloqueando o crescimento e envolvendo a autossabotagem. Geralmente, o mecanismo de frustração tem origem em um trauma. No caso de um trauma interno, algo acontecido na infância em que assumimos posturas e comportamentos melancólicos, tristes, pode nos levar a procrastinar, a não ter foco e ter baixa autoestima.

Quando a causa está relacionada a um evento externo, como a pandemia de covid-19, que desestruturou a população de maneira geral, cria enormes preocupações que se refletem em limitações, em bloqueios. Para ilustrar, podemos analisar dados que mostram os impactos diretos que a pandemia provocou no plano de carreira dos brasileiros, deixando-os vulneráveis: 57% dos profissionais ficaram desempregados, 33% estão buscando um novo trabalho e apenas 10% mantêm seu emprego.[29]

O ser humano exposto a situações desgastantes sobrevive sob o impacto de uma montanha-russa de emoções e pesadelos, podendo desenvolver depressão, ansiedade, desânimo, além de apresentar sinais visíveis de indignação e desmotivação.

---

[29] PANDEMIA afetou plano de carreira de 85% das pessoas, mostra pesquisa da Mindsight. **Acontecendo Aqui**, 2 jun. 2021. Disponível em: https://acontecendoaqui.com.br/empreendedorismo/pandemia-afetou-plano-de-carreira-de-85-das-pessoas-mostra-pesquisa-da-mindsight/. Acesso em: 14 abr. 2022.

FORÇA INTERIOR: A ÚNICA FONTE DE REALIZAÇÃO POSSÍVEL

Como vencer as crenças limitantes

As crenças limitantes, sempre presentes em nossa mente durante o processo de crescimento, sabotam os pensamentos e nos privam da autoconfiança. Damos sempre desculpas para não enfrentar a realidade. Esses pensamentos boicotam a nossa vida. Por exemplo: "Não posso começar, ainda não estou preparado"; "Sou muito velho para realizar meu sonho"; "Não tenho tempo suficiente"; "Não mereço nada além do que já tenho".

Mas, assim como adquirimos tais crenças, também temos a oportunidade de destruí-las, substituindo-as por novos conceitos e conhecimentos de valor. E, aos poucos, fortalecemos nossa mente, tornando-a mais construtiva. Ao fazermos essa substituição, abrimos um horizonte mais amplo e claro diante de nós. Se quero desenvolver a autoconfiança, preciso acreditar que sou capaz de vencer a falta de confiança, criando uma mentalidade positiva, responsável por derrubar o medo que a sustentava. À medida que trabalho essa questão, passo a me aceitar e a acreditar mais na minha potencialidade. A tendência é desenvolver autonomia e segurança ao aprender a perceber e controlar pensamentos e atitudes que geram novos comportamentos.

Em sã consciência, precisamos desenvolver a confiança e acreditar na possibilidade de conquistar o que desejarmos, desde que nos preparemos adequadamente. Precisamos despertar e acionar a mente para revigorar as crenças, resgatando seu lado positivo, o mais poderoso. Assim como deixamos que tomassem conta de nossos pensamentos, devemos retomar o controle para poder destruí-las, substituindo-as por novos conceitos e conhecimentos de valor. Dessa maneira, aos poucos, a mente se tornará mais forte e mais construtiva.

Um novo horizonte de possibilidades se abre diante de nós. A virada está, portanto, no desenvolvimento da autoconfiança, que nos motiva e encoraja a alcançar um caminho mais próspero. Ela é fundamental para evoluir!

Como realinhar situações desagradáveis

Já entendemos que podemos conquistar o que quisermos. Somos capazes, mas precisamos nos dedicar. Entretanto, muitas vezes, o resultado que obtemos pode não ser exatamente o que esperávamos, e nos frustramos. Isso acontece, em geral, porque em tudo o que vê você, enxerga problema. Se você não acredita em si mesmo, acaba diante das limitações. Onde está a sua força, a sua capacidade, o seu potencial? Chame-os para a vida.

Comece fazendo uma autoavaliação, identificando as suas limitações. Questione-se insistentemente até o despertar da consciência e perceba que a mudança é possível e importante para o seu crescimento.

Somos seres racionais. Portanto somos capazes de realinhar nossas insatisfações utilizando ferramentas direcionadas a aumentar a potência e a força interior. O convívio social permite conhecer outras pessoas e ficar diante de novas oportunidades. Com isso, aumentamos ainda mais o nosso conhecimento, traçamos novos caminhos e estratégias para nos motivar e para despertar responsabilidades, construindo algo com o próprio esforço, valorizando o potencial e também o cumprimento das tarefas. Dentro das possibilidades, o indivíduo pode reverter as situações desagradáveis!

Como seria bom se não houvesse tanta intercorrência! Nós, humanos, não somos perfeitos, mas somos verdadeiros entusiastas quando buscamos corrigir algo com novas opções e conhecimentos. Por termos a oportunidade de nos tornar responsáveis e conscientes, determinados e realizadores, somos capazes de conquistar, com inteligência, resultados surpreendentes! Aprender com nossos erros e respeitar os limites impostos pela sociedade faz parte da vida e é uma grande oportunidade para enriquecer o conhecimento.

Evite o jogo do medo

Nascemos sem medos. Eles vão chegando e ocupando espaço sorrateiramente. Se fazem presentes, são implacáveis, desnorteantes e às vezes

FORÇA INTERIOR: A ÚNICA FONTE DE REALIZAÇÃO POSSÍVEL

paralisantes. Saber da sua existência e sentir medo é uma coisa, mas deixar que ele esteja no comando é outra.

Precisamos nos convencer de que ele bloqueia nossas ações e reações e, por isso mesmo, devemos agir para superar os medos impostos. Precisamos combatê-los, **enfrentando-os**. Assim fazem os que são determinados, corajosos e têm fé! Considere o sentimento como se fosse um simples pensamento e inicie seu combate com novos e saudáveis conceitos. A sua mente agradece!

Quando implementamos os pensamentos com mensagens positivas, importantes, em voz alta ou em silêncio, de maneira repetitiva, eles se fortalecem em nossa mente enquanto enfraquecem o medo que tanto amedronta. Aos poucos dão lugar à sensação da vitória por ter derrotado um adversário cruel.

Dê uma pausa, respire fundo, reflita e sinta o que está impedindo você de chegar ao ponto aonde quer chegar. Tenha um propósito idôneo, honesto, trace sua estratégia, seja íntegro, limpo, firme e trabalhe duro. Você atingirá o objetivo desejado!

Às vezes, falta apenas aprender a se respeitar como pessoa e acreditar no seu potencial.

O desconforto da limitação

Já reparou que a maioria das pessoas ama a liberdade? A tendência natural do ser humano é viver em liberdade, usufruir do bem-estar, mas, quando sente algum desconforto ou opressão, logo percebe a limitação. Diante da limitação, temos a escolha de afastá-la ou não. Tudo depende da opção que escolhermos.

Você pode confrontá-la, enfrentando o problema com disposição e ânimo para superar, se possível, definitivamente. Determinado a exterminá-la, usando suas melhores armas.

Pode optar por contornar a limitação. Fica implícita a ideia de transpô-la, mas com o inconveniente de mantê-la ativa, sujeitando-se a reaparições a qualquer tempo. Ou seja, o problema fica adormecido, mas pode despertar quando menos se espera.

CONSCIENTIZE-SE DE SUA LIMITAÇÃO

Ou pode simplesmente ignorar a limitação. Persiste na renúncia da reação, de contrapor-se ao mal-estar que causa, preferindo o sofrimento em detrimento da cura. Resulta daí uma abertura para situações negativas que podem bloquear a vida. Esse negacionismo mostra a incapacidade de a pessoa gerir a situação.

É preciso agir

A ação é primordial para expandir os limites e superar obstáculos. As próprias experiências vividas nos transmitem o ensinamento necessário para ultrapassarmos barreiras e dificuldades do dia a dia. Além da vivência, o mundo nos traz constantemente conhecimentos e relatos que nos ajudam a encontrar a solução dos embaraços, fazendo com que as limitações sofridas possam se tornar menos relevantes.

No entanto a limitação pode ficar ainda mais resistente, intolerável e extremamente dolorosa, chegando à incapacitação, podendo repercutir até mesmo na figura das pessoas, tornando necessário acrescentar mais atenção e novas exigências para vencer o desafio.

Ordenamentos psicológicos mal estruturados, em que se ampliam as faces negativas dos acontecimentos, de si e do mundo, reduzem o vigor da pessoa, fazendo minguar sua resistência, desestimulando iniciativas e inibindo seu potencial. Produzem uma espécie de desfalque pessoal. Toda carga de consequências passa a integrar o cotidiano, deixando distantes os sonhos acalentados, que não podem resistir ao assédio e se desvanecem diante da escassez de energia necessária para concretizá-los. A primeira parte a desistir é a mente, que é a responsável pela reversão do quadro. O que limita você é sua imaginação e seu empenho. E, embora não seja fácil, é possível domar, ou melhor, treinar a mente.

É peculiar aos nossos instintos buscar saídas mais fáceis para resolver as questões. Isso faz parte do nosso instinto de sobrevivência, que costuma nos conduzir a desistências cautelares – não por fraqueza, mas pelo benefício da não exposição temerária. Nesse particular, é preciso zelar para que o cuidado natural não se reduza em medo, puro e simples, no que diz respeito aos riscos que precisamos assumir.

FORÇA INTERIOR: A ÚNICA FONTE DE REALIZAÇÃO POSSÍVEL

Evidentemente, não precisamos nem devemos correr perigos desnecessários, mas alguns serão exigidos. Viveremos nesta gangorra: de um lado, respondendo aos riscos necessários e, de outro, evitando os desnecessários – além de, entre os extremos, inibir as desistências precipitadas.

Como administrar a complexidade dessas situações?

A saída é treinar a mente. Com o treino vem a certeza de que nós podemos mais do que pensamos. Por exemplo: repensar a palavra "potencialidade", que entre outros significados estão: capacidade, habilidade, talento, agilidade e inteligência. Todo ser humano possui potencialidade, logo todos têm ao seu dispor aqueles conteúdos com maior ou menor desenvolvimento. Podem estar guardados em algum canto da mente, mas existem! É fundamental o resgate deles, o recrutamento.

Tenho consciência de que será preciso acrescentar à leitura algumas verdades que demonstrem sua realidade. Se fizermos uma viagem ao passado, vamos notar que mesmo os antepassados mais remotos eram como nós. A vida é que era diferente, estando o instinto de sobrevivência no mais alto patamar. Primeiramente foram coletores de frutos, depois caçadores e lá pelos 7000 anos a.C., no período Neolítico, o já *Homo erectus* descobriu como produzir faíscas a partir do atrito de pedras, fazendo surgir o fogo e alimentando-o com galhos: fazendo as primeiras fogueiras. Suas condições de sobrevida melhoraram.

A história registra o início e o fim de diferentes civilizações: mesopotâmica, egípcia, persa, grega, romana, asteca, inca e tantas outras. O homem, independentemente da civilização, prosseguiu expandindo seu potencial a despeito das circunstâncias.

Seres humanos notáveis eternizaram sua presença na história por seu conhecimento e sabedoria, como Jesus Cristo, o filósofo grego Sócrates ou ainda o professor tibetano Chögyam Trungpa,[30] que nos

---

[30] 7 conselhos dos grandes sábios da história. **Pensar Contemporâneo**. Disponível em: https://www.pensarcontemporaneo.com/7-conselhos-dos-grandes-sabios-da-historia/. Acesso em: 4 maio 2022.

CONSCIENTIZE-SE DE SUA LIMITAÇÃO

deixou preciosa lição: "Ninguém sabe melhor que você a luz que você tem dentro, e ninguém sabe melhor que você os cantos mais sombrios do seu ser. E a verdade das coisas é que muitos de nós não somos nossos melhores amigos". Seguindo o mesmo raciocínio, Tales de Mileto, deixou-nos: "Evita os adornos exteriores e procura os interiores".[31] Se começarmos a comparar esses ensinamentos, fica bastante evidente o aprimoramento humano.

Mas não se deixe enganar: os conhecimentos humanos não são fixos e imutáveis; temos sempre mais o que evoluir. Primeiro, achava-se que a Terra era plana e o centro do universo, lembra? Ou que os átomos eram as menores partículas maciças. Olhava-se o céu de baixo para cima, a Lua brilhando distante, até que em 1969 três homens, Neil Armstrong, Buzz Aldrin e Michael Collins, chegaram à Lua e de lá contemplaram a Terra!

Algo mudou: a mente! Quantos impossíveis ainda terão de ser vencidos até nos tornarmos senhores desse milagre que é o nosso cérebro, revestido por nossa cabeça dura e por nossa descrença em nós mesmos? Lembro-me de um lema existente em um quartel de infantaria: "O difícil se faz agora; o impossível, daqui a pouco!". A mente é uma ferramenta que merece e precisa ser cuidada e treinada para alcançar a conquista pretendida: o impossível.

Com certeza você já parou para observar o voo dos pássaros. É uma cena notável; sejam eles modestos passarinhos ou poderosas águias, abrem suas asas e iniciam um movimento incessante até a distensão total para alcançar o destino, cruzando continentes inteiros com liberdade.

A cena assim descrita em muito difere da que exibe os pulinhos e os curtos voos dos pássaros engaiolados. Não importa se o espaço da gaiola é grande ou pequeno, se ela é ampla, bonita, bem cuidada e o pássaro tratado com esmero e carinho. Tudo isso me parece insignificante, porque essa imagem está impregnada pelas marcas do cativeiro e do egoísmo. O voo está limitado e o canto está restrito a poucos ouvidos.

---

[31] SAMADHI. Os sete sábios gregos – máximas e preceitos. **Blogspot**, 19 mar. 2016. Disponível em: https://laurencebenatti.blogspot.com/2016/03/os-sete-sabios-gregos-maximas-e.html. Acesso em: 11 abr. 2022.

Os conhecimentos humanos não são fixos e imutáveis: temos sempre mais o que evoluir.

CONSCIENTIZE-SE DE SUA LIMITAÇÃO

Algo semelhante ocorre com a limitação humana, uma vez que, ao sofrer algum tipo de redução em sua iniciativa, também o homem se torna presa da inibição capaz de encobrir seus talentos. Não mais se pode apresentar como ser integral, mas criatura reprimida, dominada, insegura em um ou mais aspectos de sua estrutura. Tal ocorrência dificulta a sua marcha rumo às metas de vida.

Nessa linha de raciocínio, torna-se claro que o primeiro passo a ser dado no itinerário da superação é identificar devidamente suas características.

A identificação

É importante identificar o que pensamos, quais suposições temos como verdade, porque nosso comportamento é afetado por cada um dos pensamentos que cruzam nossa mente, além de definir o incômodo vivido pelas frustrações ou pelas limitações. Elas nos permitem demarcar suas particularidades, entender por que surgiram e qual é a sua sustentação. No entanto precisamos conhecê-las detalhadamente e ter força de vontade para sair da zona de conforto, porque não devemos permitir que elas tomem conta da nossa vida e nos impeçam de conquistar sonhos.

Esse detalhado exame das causas é tão especial porquanto sejam elas os fundamentos imediatos do problema. Vale dizer, resumidamente: sem causa não existirá tribulação, e sem esta o impasse deixa de existir.

Elas podem começar pequenas e aos poucos se fortalecerem, chegando a tumultuar a vida. Precisamos evitar que bloqueiem as chances e oportunidades, provocando grandes estragos. Há doenças cujas origens estão nas desordens emocionais ou em desgastados quadros psicológicos que interferem na saúde. Conflitos íntimos promovem justas e reais queixas físicas, alojadas em diferentes órgãos. Denominam-se moléstias psicossomáticas. Em virtude disso, é bom cuidar do que se pensa e como se usa a mente, pois o ideal será sempre uma mente e um corpo sadios.

Uma simples notícia gera emoção, e nela estão componentes reativos: o comportamental, o orgânico e o cognitivo – o que demonstra e permite que o impacto emocional ultrapasse em muito aquilo que de imediato sentimos. Ao componente comportamental se atribuem as manifestações físicas e pessoais, como os atos de sorrir ou chorar, fixados na face humana. Ao componente orgânico se agregam manifestações fisiológicas, como o aumento dos batimentos cardíacos, a boca ressecada e a sudorese. O componente cognitivo acompanhará tudo o que conduz ao conhecimento do fato. A ele competirá a avaliação dos objetos e efeitos manifestados no universo exterior, incluídas as consequências dele decorrentes.

Assim, a maneira como reagimos a cada situação, através da inteligência emocional, determina se obteremos consequências positivas ou negativas em nossa mente.

A aceitação

Um dos maiores desafios ao lidarmos com as restrições reside na plena aceitação. Há quem a mascare, buscando torná-la aceitável, quando claramente não é. Ainda há os que empreendem uma espécie de fuga da realidade, o que é inadmissível pelos danos que causa a si ao manter o problema vivo e atuante.

O que sucede com quem assim age? Acredito que seu procedimento – ou a ausência dele – possui motivação no medo, no cansaço e na incerteza. Ponderemos sobre esses fatores, a começar pelo **medo**.

Reconhecido como gigante da alma humana nas palavras do excelente médico e sociólogo Emilio Mira y López, em sua obra *Quatro gigantes da alma*,[32] o temor gera retração e a diminuição do indispensável sentimento de segurança e da zona de livre determinação do ser humano, tornando-o desamparado e até mesmo desejoso de desaparecer, fugir. Aqueles assim vitimados precisam ser conduzidos à prática de ações positivas; por isso, a ação é o legítimo e eficaz antídoto para o medo.

---

[32] LOPEZ, E. M. **Quatro gigantes da alma**: o medo, a ira, o amor e o dever. São Paulo: José Olympio, 1972.

CONSCIENTIZE-SE DE SUA LIMITAÇÃO

O segundo deriva do próprio avanço da limitação no corpo e no espírito humano, um efeito lento e gradual de **cansaço**, podendo chegar até a exaustão, que inibe as iniciativas pretendidas por quem sente sua carga, tornando preponderante um enervante imobilismo.

Por fim, consideremos a **incerteza**. Quando nos sentimos abrasados pelo sofrimento, avidamente buscamos os meios ao nosso dispor para acabar com ele. É comum ouvirmos pessoas que, na ânsia de trazer conforto, consolação urgente, inundam-nos de alternativas que nos tornam absolutamente envolvidos, andando em círculos, perdidos. São aquelas passagens de vida em que a hesitação é a rainha da situação e em nós prevalece a incerteza. Aí torna-se imperativo fazer cessar o tumulto mental para "pôr ordem na casa", restaurando o bom senso natural sob tal inspiração de assumir a existência da limitação, aceitando-a plenamente para, só depois, dedicarmo-nos à sua superação.

Faz-se imprescindível que a pessoa se convença de que, mesmo sensível por algum ou muito tempo, a limitação não precisa ser o seu destino. Vale a pena lutar para torná-la controlada pela vontade, afinal de contas, a mente predomina sobre o corpo. Não deve haver qualquer resíduo de dúvida quanto a isso. A aceitação cuida de reter o pleno conhecimento do que se passa conosco, do mal-estar que nos aflige, a fim de que o dominemos para que possamos anulá-lo. A aceitação é, portanto, inevitável para despertarmos e cumprirmos o nosso dever básico: conhecer para enfrentar com sucesso.

Ainda sobre a questão, muito contribui para nossas dificuldades de enfrentamento a grande falha cultural na formação social. É preciso considerar que as estruturas em que fomos criados e orientados, e que hoje nos conduzem, pouco aprofundaram a nossa experiência de vida. Essa sintonia com a superfície tornou-se uma espécie de padrão nos meios de comunicação, ficando o aprofundamento de nossa interioridade restrito àqueles que procuram orientar-se fora do modelo; e não duvide de que estes possam ser malvistos, uma vez que se tornam destoantes do geral!

Já percebeu que muitos só passam a buscar a interioridade quando são alvos de crises limitativas? Fora isso, não há nenhum estímulo na maior parte das vezes. Apesar de nossas limitações como seres humanos, Deus, nosso Pai, não nos condena por nossas fraquezas, pois é misericordioso![33] O ser humano precisa olhar para dentro de si. Lá existe um mundo importante, mas totalmente ignorado. Essa necessidade da imersão reside no fato de que, se ficamos na superficialidade, não amadurecemos. Para crescermos, é preciso parar, observar, pensar, refletir sobre a obtenção de bases sólidas para o exercício de nossas escolhas. Há que romper com a fútil certeza das planuras para desbravar os vazios e valiosos canais interiores.

É interessante como nós, ao contemplarmos a redução ou mesmo supressão do que é voltado para o mundo interior, substituída pelo entretenimento puro e simples, nos assemelhamos à situação dos peixes que transitam em águas rasas, sem condições de uma imersão mais profunda, pois ficam batendo cabeças!

Na superficialidade não se experimenta o autoconhecimento; o que é urgente fazer, pois apenas a partir dele poderemos tomar posse daquilo que realmente somos. Só a partir dele conheceremos nossos limites, possibilidades, potencialidades e nos comprometeremos com o amadurecimento humano.

É preciso estabelecer a ruptura com a fantasia exteriorizada na contemporaneidade que enfatiza a vida social intensa e desfavorece o olhar interior, o silêncio e a paz de que o mundo tanto precisa.

Qual é o seu papel diante da vida?

Afinal se dará a conscientização pessoal quando a existência do incômodo limitativo romper com o conformismo e a vitimização. Com o conformismo porque, apesar de sentir-se ferido, o indivíduo permanece inerte, nem se ajuda, nem pede que o ajudem ou, pior, não deixa que o ajudem. Com

---

[33] SALES, A. Deus conhece as limitações do ser humano e não condena suas fraquezas. **Canção Nova, Eventos**, 17 jan. 2013. Disponível em: https://eventos.cancaonova.com/pregacoes/deus-conhece-as-limitacoes-do-ser-humano-e-nao-condena-suas-fraquezas/. Acesso em: 11 abr. 2022.

CONSCIENTIZE-SE DE SUA LIMITAÇÃO

a vitimização, ou a "síndrome do coitadinho", porque é comum vermos algumas pessoas fazerem uso, justamente, do que muitos veem como uma limitação, para gerar um aparente consolo.

Observamos ao longo deste capítulo que a superação depende da magia do exercício da vontade. A vontade humana possui um condão, mas ele fica guardado em nosso espaço interior, longe dos olhos e perto do coração! Coração? Bem, não exatamente. Fala-se em coração porque o relacionamos com a emoção, não é mesmo? Mas na verdade a emoção é gerada no cérebro, e também de lá chegam as reações. Nosso cérebro precisa ser mais fortalecido, conhecido, para cumprir seu perfeito circuito.

O cérebro do ser humano é admirável, verdadeiramente espantoso, só explicável pela intervenção divina! Em espaços reduzidos encontram-se a principal estrutura da memória; o controle do sistema nervoso; a regulação dos estados de consciência; as inclinações básicas como a raiva, o medo, o instinto de sobrevivência; a função de produção de anticorpos (grande aliada do sistema imunológico), entre outros. No entanto, a nossa falta de conhecimento a respeito desse órgão ainda é imensa! Quantas vezes duvidamos de dizeres como os desta passagem de Santo Agostinho, ao referir-se ao seu encontro interior com Deus: "Eis que habitáveis dentro de mim, e eu, lá fora a procurar-vos!".[34]

Cada um de nós é um verdadeiro milagre, com sinais prodigiosos da criação. Não podemos e não devemos ignorar nem desperdiçar tal tesouro, essa herança gratuita que merece ser expandida! Poderia escrever linhas e mais linhas com palavras para tentar convencê-lo, mas só o testemunho e o exemplo possuem esse poder. A minha pretensão é convidá-los a olhar para dentro de si, a fim de conhecerem e desfrutarem de sua herança interior.

Em ocasiões como as experimentadas com a cruel pandemia de covid-19, não acredito, sinceramente, que se possa mensurar o grau do sofrimento humano. Ou ainda o que presenciamos em eventos como as Paraolimpíadas; não podemos emprestar maior ou menor dificuldade a depender da restrição, seja física, mental ou emocional. A sensibilidade

---

[34] TARDE Vos amei, ó Beleza tão antiga e... **Pensador**, 2005-2022. Disponível em: https://www.pensador.com/frase/OTA0MTY/. Acesso em 4 maio 2022.

FORÇA INTERIOR: A ÚNICA FONTE DE REALIZAÇÃO POSSÍVEL

de cada um merece respeito. Todos sofrem. O que nos importa aqui é como administrar as consequências da situação vivenciada bem como motivar-nos a enfrentar problemas.

A conscientização de quanto nossas escolhas, comportamentos e ações criam a nossa realidade nos permite reconhecer a própria responsabilidade e influência sobre os resultados que obtemos e, consequentemente, conquistar mais autoconfiança e autoeficácia, permitindo nos posicionar e enfrentar os desafios da caminhada com maior segurança, independentemente do desafio imposto em nossa vida.

Segundo pesquisa do IBGE,[35] há 17,3 milhões de pessoas no país com algum tipo de deficiência. Sendo assim, é necessário investir para melhor qualificar cada uma delas. O escritor gaúcho Mário Quintana já chamava a atenção para a compreensão de vocábulos como "Deficiente", termo indicador daquele que não consegue modificar sua vida, aceitando as imposições de outras pessoas ou da sociedade sem consciência de que é dono do seu destino.

O esporte é um catalisador de grande importância dentro desse objetivo, contribuindo para o desenvolvimento físico e para reabilitar e incluir socialmente as pessoas de maneira geral. Ele pode transformar muito a vida dos atletas que representam o Brasil nos maiores eventos esportivos do mundo. São inúmeros os exemplos que podemos citar, mas destacamos alguns deles, dentro do contexto das Paraolimpíadas, que são excelentes histórias de superação.

Clodoaldo Silva, que já não mais compete, foi um grande expoente na natação. Sua mãe teve uma gestação tranquila, porém, durante o parto, faltou oxigenação para o cérebro do bebê, o que causou consequências em sua mobilidade e coordenação motora. A piscina o ajudou na reabilitação e, na água, ele se tornou campeão olímpico laureado, inspirando também o recém-aposentado Daniel Dias, nascido com má-formação congênita, sem as mãos e os pés, a seguir seu exemplo. Daniel foi

---

[35] PNS. **Painel de Indicadores de Saúde**. Brasil, 2021. Disponível em: https://www.pns.icict.fiocruz.br/. Acesso em: 28 mar. 2022.

CONSCIENTIZE-SE DE SUA LIMITAÇÃO

detentor de cinco recordes mundiais e foi considerado o melhor atleta paraolímpico entre 2008 e 2016.

A velocista brasileira Terezinha Guilhermina padeceu de grave doença ocular, retinose pigmentar, causadora de perda gradual da visão. Completamente cega, conquistou medalhas de ouro em três ocasiões.

Não apenas atletas, mas há pessoas com personalidades igualmente marcantes em diversas profissões. Na Inglaterra, o genial cientista Stephen Hawking, nascido em 1945 e diagnosticado em 1964 com esclerose lateral amiotrófica (doença de Charcot), relatava que suas esperanças foram reduzidas a zero aos 21 anos. Não obstante, semimóvel, preso a uma cadeira de rodas especial, tornou-se pesquisador prestigiado e reverenciado no mundo inteiro em seu campo de atuação. Físico teórico, cosmólogo e professor emérito na Universidade de Cambridge, foi casado duas vezes e teve três filhos. Hawking era privado dos movimentos por força da rigidez, esgotamento e atrofia musculares, e tinha dificuldade para falar, engolir e respirar.

A senadora Mara Gabrilli foi vítima de um acidente automobilístico, que a deixou tetraplégica. Fundou uma ONG que leva seu nome, e seu trabalho de apoio atende a 3 mil famílias, oferecendo ainda suporte a cerca de vinte atletas de alto rendimento. Ela também coopera com pesquisas científicas voltadas para a cura da paralisia.

Maria da Penha é uma mulher-símbolo. Aos 38 anos, mãe de três crianças, levou um tiro de espingarda que a deixou paraplégica. Retornando do hospital para sua casa, presa a uma cadeira de rodas, viu-se agredida pelo marido que a tentou eletrocutar no chuveiro elétrico. O andamento da instrução criminal no processo-crime instaurado para apurar a responsabilidade pela lesão corporal grave tornou claro que o autor do disparo e ferimento que a entrevou foi seu marido, que apresentava histórico de violência contra ela. Ele lutou por vinte anos, mas acabou condenado. A luta de Maria da Penha tornou-a nacional e internacionalmente conhecida a tal ponto que uma lei contra a violência doméstica no Brasil tomou o seu nome.

Em comum, essas histórias falam de pessoas que nasceram ou tornaram-se deficientes e, em vez de se abaterem, projetaram-se para

FORÇA INTERIOR: A ÚNICA FONTE DE REALIZAÇÃO POSSÍVEL

memoráveis conquistas, coroando de êxito suas existências. Tiraram de seu mundo interior a força revigorante que impele às realizações mais sublimes.

Enfrentar qualquer dificuldade sem lágrimas, agressividade ou autopiedade é procurar edificar-se para construir e romper, em pouco tempo, o limite que impede seu crescimento. Evidentemente, a pessoa que sente a necessidade de superar alguma necessidade especial poderá igualar-se às demais, pois já sabe que a disposição para essa busca está dentro de si – e sempre esteve!

Quando consciente de quaisquer limitações, da intensidade de sua dor, busque essa força com determinação e defina o que precisa ser mudado. É importante explorar essa força guardada dentro de você!

Agora, espero que você tenha entendido que, mesmo diante de alguma necessidade, já sabe que a disposição para isso não está fora, mas dentro de você. Aliás, sempre esteve, bem preservada.

ATIVIDADES

1. Identifique quais características o limitam. Elas atrapalham seu rendimento? Escreva-as no espaço abaixo e, diante de cada uma, manifeste suas dúvidas, o seu questionamento interno, deixando-as bem à mostra para que possa trabalhar objetivamente.

_____
_____
_____

2. Você aceita a si mesmo verdadeiramente como é? Existe algo em sua mente que o impede de aceitar-se? O que faz para burlar a não aceitação? Sua postura diante da vida é de passividade ou de protagonismo?

_____
_____
_____

3. Quando se sente limitado, enfraquecido, procura ajuda? Se não, por quê? O que vem à sua mente?

_____
_____
_____
_____

4. Agora, livre das amarras, estabeleça ações que possa desenvolver e substituir as limitantes, para valorizar e formatar a sua potencialidade.

_____
_____
_____
_____

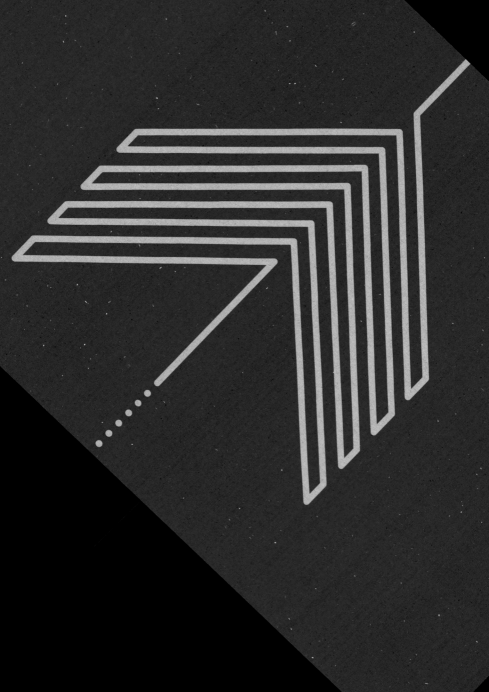

05

o que quer e precisa mudar?

Iniciar é a base para o sucesso!

Sabemos que a força essencial para enfrentar nossas limitações está dentro de nós e só precisa ser ativada pela nossa vontade para agir e lidar mais efetivamente com o que nos limita. Mas quem já suportou o choque da indecisão conhece bem o quanto é aflitiva a dúvida que se impõe. Por isso, para ter clareza da situação e definir a direção a ser tomada, é preciso estabelecer as bases para a reação, sem ignorar a limitação.

Entendido que precisa mudar, é o momento de definir **o que** mudar. Para isso, primeiro devemos organizar nossos pensamentos, eliminando as inúmeras ideias limitantes, experiências, desamparos e desvalorizações que passam por nossa mente sem que nem percebamos, e desorganizam toda a estrutura, criando em nós definições inapropriadas sobre nós mesmos. A solução é "colocar a casa em ordem". A casa é a nossa mente, onde frequentam os pensamentos e os empecilhos indistintamente, em um tumulto generalizado! Vivemos em um **mar de superficialidade**, sem maior dedicação com a vida interior, e nos tornamos presas fáceis para que até as mais delirantes ideias se aninhem em nossa cabeça.

Cabe a você cumprir sua parte. Ora, a cabeça é sua, a mente é sua, você é o dono e, na sua casa, só entra quem você quiser, certo? Tem lógica, não tem? Que coisa é essa de deixar pensamentos indesejáveis vazarem para dentro de si... Ponha-os para fora! "Como? Eu não consigo, sou limitado também nesse terreno!" Ei, já vimos isso. Você é uma maravilha,

O QUE QUER E PRECISA MUDAR?

fruto de uma criação genial e irretocável! Lembra-se? *Você pode, se acha que pode!*[36] Essa frase é título de um livro de Norman Vincent Peale, que transmite mensagens inspiradoras para ajudar na superação de adversidades e alcançar os objetivos de vida. Entre as possibilidades para isso está a atitude de fixar-se em uma imagem, pensamento ou leitura de teor positivo que eleve seus sentimentos e seus pensamentos. Por serem bons, agradáveis e saudáveis, expulsarão de maneira natural tudo o que desagrada, todo o lixo acumulado, deixando-o limpo e mentalmente são; tem coisa melhor?

A mente humana, por segundos ou décimos deles, só pode se fixar em uma coisa de cada vez. Não há espaço para a simultaneidade: para um pensamento entrar, outro tem que sair... Qualquer tentativa nesse sentido gera frustração, desorienta, divide, confunde. Onde fica o foco, a concentração? Alguns dizem, como se tivesse grande valor: "Faço mil coisas ao mesmo tempo!". Essas pessoas raramente executarão tudo com qualidade, às vezes só parte delas; em muitas ocasiões, vão abandoná-las tão logo começadas. Contudo, se efetivamente assim proceder, será uma rara exceção, mas, talvez, o desgaste acabe por mandar a conta.

Por isso, bato na tecla do título: primeiro é preciso decidir **o que** você realmente quer. Sua resposta deve ser convergente com sua sensibilidade. Como já vimos, a boa solução será enfrentar o problema criativamente, definindo **o que precisa** para alcançar. Às vezes, precisamos

---

[36] PEALE, N. V. **Você pode, se acha que pode**. São Paulo: Cultrix, 2003.

mudar, pois as tarefas que desenvolvemos pedem mais do nosso potencial. Precisamos evoluir e nos adequar às situações, focando naquilo que nos fortalece.[37]

Mudança ou mudanças?

Por que mudar? A motivação pode partir tanto da necessidade de um aprimoramento geral como de um específico, para que se opere concretamente uma evolução como pessoa. A questão é: em que mudar?

Em especial, no modo de pensar e atuar na vida! Para tanto, a atividade cerebral e toda a força de nossa vontade se mobilizarão. Nessa perspectiva, há que se identificar três expressões que popularmente se confundem, mas possuem estruturas e fundamentos próprios: cuida-se do temperamento, do caráter e da personalidade.

Tem-se o **temperamento** como a mistura das características congênitas que subconscientemente afetam o procedimento do indivíduo. São transmitidas pelos genes peculiares à linha da hereditariedade de cada pessoa, que a particularizam, tornando-a única, ao ponto de irmãos serem diferentes uns dos outros.

O **caráter** é o verdadeiro eu, sendo resultante do temperamento submetido à natural modelagem em virtude da educação, da disciplina, da crença, dos princípios, das motivações e das inclinações sociais.

A **personalidade** é uma produção elaborada e organizada a partir de tendências pessoais e adquiridas que apreendemos e passamos a exteriorizar, apresentando-nos perante a sociedade.

Tim LaHaye desenvolveu essas definições em seu livro *Temperamento controlado pelo Espírito*,[38] no qual comenta: "Em resumo: o temperamento é a combinação de características com as quais nascemos; o caráter é o nosso temperamento 'civilizado'; e a personalidade é o 'rosto' que mostramos ao próximo".

---

[37] CLIFTON, D. **Descubra seus pontos fortes 2.0**. Rio de Janeiro: Sextante, 2019.
[38] LAHAYE, T. **Temperamento controlado pelo Espírito**. São Paulo: Edições Loyola, 1974. p. 12.

O QUE QUER E PRECISA MUDAR?

A decisão fruto da vontade

Tomamos decisões a todo momento, desde o amanhecer. São questionamentos que surgem naturalmente, como: O que vou fazer agora? Que roupa vestir? O que comer? Qual é o melhor caminho até o trabalho? E tantas outras que se apresentam durante todo o dia que parecem que não acabam nunca. Cada escolha feita é uma decisão que pode ou não envolver vontade. Sim: pode ou não! Lembra-se da frase: "Eu não queria, mas tive que fazer aquilo!"? Normalmente, decisões e vontade são coincidentes. É como uma regra: pensa e executa.

Há passagens em nossa vida em que prevalecem inclinações vindas de nosso temperamento, não necessariamente agradáveis, mas que utilizamos a todo instante, de modo automático, como se estivessem incorporadas, coladas àquilo que tem o rótulo de "o meu jeito de ser", pelo qual nos conduzimos vida afora. Embora não sejam necessariamente satisfatórias, desculpamo-nos conosco e com os demais por adotá-las: "Foi mal, mas eu sou assim mesmo". Que triste! Distribuímos mal-estar, perplexidade, raiva e negatividade como um rastro por onde passamos, obrigando os outros a conviver com as nossas falhas e erros e, o que é pior, nos sentimos acomodados, sem tentar evoluir. Essa postura gera para o indivíduo o conformismo negativo: boas relações pessoais são afetadas, oportunidades são perdidas, o entendimento interpessoal é prejudicado. Vale a pena ser assim mesmo? Será que precisa ser dessa maneira? Esse "jeito de ser" está em você como a cor de sua pele, a sua estatura, a sua respiração?

Claro que não! Essas inclinações e tendências podem e devem ser corrigidas, pela simples e efetiva razão de nos fazer mal, serem indesejáveis. A boa notícia é que, mesmo arraigadas a nós, não fazem parte de nosso contexto. Estão sob a nossa vontade soberana e o nosso empenho as possibilidades de superação e transformação. Caso assim não fosse, nem teríamos conhecimento daquela ideia: "Como você mudou!", "Parece outra pessoa!", ou "Mudou da água para o vinho!".

O desenvolvimento é gradual, não há nenhum passe de mágica, senão clareza de ideias e consequente direcionamento da vontade de

FORÇA INTERIOR: A ÚNICA FONTE DE REALIZAÇÃO POSSÍVEL

alterar o "jeito de ser". Sentimos cansaço ao perder boas amizades, ter relações sociais desgastadas, perder oportunidades e causar mal-estar aos outros e a nós mesmos! Precisamos dar um basta!

O que mudar?

Especialmente o que nos incomoda, interfere em nosso bem-estar ou rompe com a nossa harmonia interior. Essa é a receita genérica. É verdade que precisamos nos orientar de maneira específica para identificar claramente o que precisamos mudar: o que não faz muito sentido para mim, de que posso me desapegar de maneira clara e objetiva, para me tornar uma pessoa mais coerente com meus valores? Seguindo a ordem do alfabeto, destaco alguns exemplos:

1. **Desatenção**: a gíria "se liga!" é bem apropriada. Estar atento é concentrar a atenção naquilo que necessita foco e conexão. A desatenção é o estado da pessoa alheia ao que vê, ouve, fala, vive; aquele que sempre se encontra em descompasso com a realidade, como se fosse possível viver sem compromisso. Muitas vezes, diante da preguiça ou do desdém, a displicência acaba interferindo na apreciação dos fatos, podendo chegar à negligência e, dessa maneira, perde-se a confiabilidade e até a credibilidade. Dar leveza à vida é muito bom, mas não confunda com desatenção nas pessoas e/ou nos fatos.

2. **Egocentrismo**: modo de ser e conduzir-se centrado em si mesmo. A pessoa se elege como a fonte de relevância, deixando à mostra o egoísmo, a soberba, o preconceito e o individualismo extremado. Seu carro-chefe está na máxima: "O melhor para mim, o resto para os outros". A solidão é fiel companheira do egocêntrico. Quando outros se acercam dele procuram bajulá-lo para tirar alguma vantagem, em vez de manter qualquer tipo de interação sadia.

3. **Exagero**: é o ato ou ação que ultrapassa o recomendável, o exequível. Exemplo bastante conhecido para ilustrar é o dos

O QUE QUER E PRECISA MUDAR?

pescadores, conhecidos por sempre aumentar o tamanho ou a quantidade dos pescados, a mania de grandeza.

4. **Impaciência**: diante de um atraso, não adianta correr, nadar, acelerar; isso serviria, quando muito, para demonstrar uma descarga emocional fruto da impaciência. Para que assumimos essas atitudes descompensadas? Nossas razões são de foro íntimo. Por vezes é a responsabilidade com o horário, com o trabalho, para honrar um compromisso... Claro, é justificável nos sentirmos aflitos. Todavia, o que isso vai mudar? Os ponteiros do relógio se tornam mais lentos? O tempo vai passar mais devagar ou estacionar? Nada disso. Vamos chegar atrasados e ponto! A impaciência surge em múltiplas ocasiões, sempre em torno de resultados. Exames, provas, pagamentos, atrasos para embarques, apresentações, julgamentos etc. Para livrar-se do estresse causado pela impaciência, a regra é: o resultado depende de você? Dê 100% e depois sossegue; tenha consciência de ter feito o seu melhor! O resultado depende de terceiros, de circunstâncias, de algo fora do seu alcance? Volte-se inteiramente para dentro de si, regale-se em seu mundo interior. Mentalmente repita a palavra salvadora: paz! Recuse qualquer pensamento que não seja voltado para a paz, e ela virá!

5. **Impulsividade**: bem conhecida através da expressão "quando dei por mim, já estava feito!". Seja lá o que for: um desaforo, um erro, uma manobra inábil, um investimento ruim... Está feito, não se pode reverter. Por que agimos assim? Por que não refletimos antes? Nossa mente está sujeita à absorção de muitas coisas e por isso devemos fazer uma boa triagem. Podemos ser traídos por uma iniciativa pouco feliz só por ser a primeira que passou! Era a mensagem errada! Qual é a saída? A vigilância sobre o que pensamos para descartar o inadequado. Resta o arrependimento, o pedido formal de desculpas, o pagamento de indenização, talvez uma ação judicial. Podemos reduzir o impacto inicial,

FORÇA INTERIOR: A ÚNICA FONTE DE REALIZAÇÃO POSSÍVEL

talvez contando até vinte antes de agir. Assim ganhamos autocontrole, uma vitória imensa sobre nós mesmos.

6. **Indecisão**: consideramos que nossa atividade cerebral conduz o protocolo da tomada de decisão, na qual ponderamos os pontos favoráveis e desfavoráveis para orientar a melhor deliberação. Parece claro, mas pode ser confuso se diante das alternativas esbarrarmos com pendências que precisam passar pelo crivo da urgência. Se a questão estiver ligada à pressão, tenha calma! Dê o seu melhor. Reflita, pondere e resolva. As questões simples que surgirem, decida-as logo. Habitue-se ao exercício de ponderação positivo: dá para ver o que é melhor? Dá para saber o que é bom? Dá para ter ideia do que dará certo? Caso positivo, essas serão as escolhas. Se as alternativas forem complexas, aconselhe-se com pessoas em quem confia. O nosso dever é dar o melhor de nós sempre. Deixar de decidir reflete uma fraqueza indigna de nossa natureza, pois a situação distancia-se da salutar prudência e aproxima-se da covardia.

7. **Inflexibilidade**: temos por certo que o ser humano está sujeito a dúvida. A ninguém é dado saber tudo, tampouco estar sempre certo. O erro faz parte da vida. A nós compete apresentarmos solidez de propósitos e de caráter, até porque os que assim se portam emprestam confiabilidade às suas ações e atitudes, tornando-se pessoas seguras e estáveis. Além disso, faculta que a criatura tenha certa dose de maleabilidade, acompanhada por alguma simplicidade que favoreça o trato social. Flexibilidade e sinceridade são qualidades inestimáveis.

8. **Intolerância**: pessoas que não desenvolvem a empatia, incapazes de se colocar no lugar do outro, ficam a dever em humanização – como também quem apresenta repúdio ou desprezo por alguém em virtude de fatores como raça, gênero, inclinação política, credo, profissão, nível intelectual e outras tantas

razões. Na intolerância, há uma espécie de movimento reativo. Uma explícita malquerença, chegando-se mesmo a formas de perseguição, agressão e extermínio. Nela encontra-se pulsante o ódio desenfreado a exigir o aniquilamento. O odiento é um doente, e o intolerante faz-se doente! Ambos carecem de tratamento especial. Eles são os primeiros a experimentar o sofrimento atroz de serem como são, pois corromperam a própria natureza. Imperativo será descobrir a fonte desse mal que os acometeu, saneá-la, cuidá-la para a obtenção do livramento do ser humano e sua reinserção na sociedade.

9. **Lentidão**: fala-se que cada criatura tem seu tempo. Se estivéssemos falando de música, atribuiríamos a cada qual um andamento. Uns mais rápidos, outros menos e, entre os dois, uma espécie mediana que diríamos comum. Ainda e sempre, nossa fiel companheira, a observação, nos ampara. Vemos pessoas com agilidade física e mental admiráveis. Deixam os outros para trás e despontam em uma dianteira absoluta. Uma história infantil contava sobre o Pelotinha, apelidado assim por sua habilidade para correr, parecia rolar, uma velocidade ímpar. Um dia, brincando com seus amigos, foi avisado que cairia um temporal. Sua mãe não queria que ele se molhasse para não resfriar. Ele disputou uma corrida com o primeiro pingo da chuva e chegou em casa a tempo de vê-lo cair. Ao contrário do Pelotinha, existem aqueles que, apesar de seu empenho, são naturalmente tardios. Lidar com pessoas com essa natureza exige uma dose significativa de paciência e compreensão. Pode ser que falte motivação, estímulos adequados. Já ouviu o lugar-comum: "Trabalhando mais, ou trabalhando menos, no final do mês ganha-se o mesmo, então... tanto faz"? São esses os empregados que acumulam demissões e, por vezes, queixam-se da perseguição de suas chefias. A solução para a lentidão está na força do espírito de equipe, na liderança eficaz da chefia, na cooperação e na motivação, sim, mas essencialmente na vontade do moroso.

A força essencial para enfrentar nossas limitações está dentro de nós mesmos.

O QUE QUER E PRECISA MUDAR?

10. **Pessimismo**: quando surge esse tema, logo me recordo da já lembrada e lamentosa hiena Hardy, do desenho animado *Lippy e Hardy*, e seu clássico discurso: "Mas, Lippy, tenho cãibras quando sorrio". De tão pessimista que era a hiena, os músculos que dão sustentação ao sorriso eram tão pouco estimulados que, quando utilizados, davam-lhe cãibras. Há, entre nós, uns tantos que esperam sempre o pior, sempre a derrota. Sobre eles parecem pairar as espessas nuvens de tempestades permanentemente. É muito ruim ser assim, pois os lugares por onde essas pessoas passam tornam-se "pesados". Seus semblantes são um misto de carrancudos e tristonhos. A convivência com eles começa a ser diminuída e o pessimista termina solitário.

11. **Resistência a mudanças**: com o passar dos anos, tudo se modifica: os cenários, a vida familiar, os caminhos profissionais e a vida social sofrem transformações. Cumprir o circuito de variadas situações, em cuja órbita podemos ter de ingressar e não temos como delas nos esquivar, é complicado. Os fatos de nossa vida passam a ser gerados por terceiros. Como ter deles previsibilidade? Qual é a nossa chance de reação? Nesses momentos, é preciso andar bem devagar. Pense em mutações de percurso como parte da viagem da vida. A cada momento utilizamos uma estrada diferente, assim como temos as opções de parar, de seguir devagar ou rápido. Vamos nos cobrar maturidade e experiência e partir para uma reflexão. Por mais que possamos desejar o contrário, as coisas são como são. Concentre-se nisso e não ouse atribuir a si qualquer parcela de culpa caso não faça parte da sua vontade o desfecho havido.

12. **Superficialidade**: é uma das características mais marcantes em nossa história. A Revolução Industrial, ao acelerar o consumo de diversos produtos, contribuiu decisivamente para fazer prevalecer o ter sobre o ser, ao estimular uma sociedade

voltada ao consumo. A grande dificuldade do ser humano está em priorizar o externo em detrimento do interno. Que faremos se descartarmos a sabedoria, a agudeza espiritual, o conhecimento profundo, as condições sem as quais não se obtém orientação segura para a vida? Para quem iremos nas crises pessoais? Para o Google? A superficialidade na vida está diretamente relacionada com o imediatismo dissociado de maior reflexão sobre as experiências do passado, acabando por projetar medos e anseios do futuro, pois os indivíduos sofrem com a falta de uma experimentação segura. Tudo é muito transitório e, para a maioria dos jovens, fica a dúvida de onde buscar uma fonte de conteúdo em que se possa mergulhar para aprender. Essa falta de suporte traz consigo a dificuldade para se adequar às mudanças da vida. É justamente a falta de conhecimento e direcionamento do mundo interior que impede o aperfeiçoamento humano. A superficialidade e a instantaneidade de informações recebidas automaticamente dificultam a apreensão dos conteúdos. Dessa maneira não há aprendizagem e, muito menos, conhecimento. Atribui-se a Freud a ideia de que a construção do conhecimento se dá a partir da produção de esquemas cognitivos que, por sua vez, são montados através das vivências. Os jovens contemporâneos são bem informados, mas sem profundidade. Por isso, apresentam dificuldades de participação em discussões pertinentes. Muitos não se posicionam nem defendem ideais nem perspectivas de vida; e, quando ensaiam uma defesa, ela se apresenta sem consistência. Nós vivemos na era da informação, mas não temos capacidade de ser agentes de nosso próprio discurso.

Conclusão

O tema apresentado, bastante motivador para os que enxergam a necessidade da maturação humana, estimula o interesse na busca da imensidão

O QUE QUER E PRECISA MUDAR?

que há em nós; este verdadeiro mundo que apenas se torna conhecido àqueles que se dispõem a conquistá-lo. Pois quem vive uma vida rasa perde a oportunidade de se conhecer melhor.

Essa visita rápida que fizemos aos doze pontos considerados valiosos e importantes para refletirmos e melhorarmos contribui para o nosso progresso rumo à introspecção. Através dessa imersão, podemos acrescentar à nossa vida algo que nos engrandece: o nosso bem-estar é uma extensão do autoconhecimento.

Quando afirmamos, linhas atrás, **o que mudar**, sinalizamos aquele elenco merecedor de nossa melhor atenção. Ponderando a intensidade e a frequência daquilo que nos assoma, para tratá-los com a correspondente diligência, esquivando-nos e resguardando-nos.

Antes de encerrar este capítulo, gostaria de enfatizar os riscos da superficialidade, que contém uma ameaça aos menos avisados. Quem nela ingressa pode mergulhar em uma espécie de paralelismo com a vida comum e, gradativamente, se desconectar das fontes naturais de informação – como livros, revistas técnicas, filmes – e também das fontes de formação – como aulas, pesquisas e reuniões. A razão é que tudo on-line é mais prático, e essa quase paixão pela praticidade e pela rapidez pode nos atrair a abraçar credos vazios, distanciando-nos daquilo que realmente interessa: imergir na paz e no silêncio, caracterizadores da vida interior, para alcançar o discernimento como pessoa.

Faz-se necessário manter o meio eletrônico no plano de utilidade, um meio para alcançar finalidades intermediárias, e jamais confundi-la com um fim em si mesma. O ser humano não merece se desnaturar e ceder o protagonismo à máquina, apenas dela servir-se para alcançar um fim maior. É preciso dizer não à alienação!

Quanto a essa excessiva onda de consumo, será sempre relevante recordar que a aquisição massiva de bens não gera felicidade, mas dívidas... Felicidade real para nós está no empenho de conhecer a si mesmo o melhor possível, pois aí reside a riqueza de sua jornada.

ATIVIDADES

Diante do material trazido neste capítulo, procure estabelecer um mapa para que possa ter uma grande oportunidade de "arrumar a casa". É uma experiência importante a ser seguida passo a passo. Responda conscientemente e, assim, ao chegar no fim do livro, terá começado uma viagem de autoconhecimento.

1. Você vive satisfeito e realizado com sua experiência?
   _____
   _____
   _____

2. Acha importante mudar objetivos, estratégias do seu percurso para otimizar o ritmo da vida? Se sim, quais mudanças promoveria? E como as faria?
   _____
   _____
   _____
   _____

3. Quais valores mais destaca em seus comportamentos? Algum deles precisa ser reavaliado? O que faria?
   _____
   _____
   _____
   _____

4. O que entendeu quando mencionei "mar de superficialidade"?
   _____
   _____
   _____

▶▶

5. Qual é o posicionamento que você tem diante da vida? Fale um pouco sobre obstáculos que estejam impedindo seu crescimento.

_____
_____
_____
_____

6. Acredita ter um enorme potencial dentro de você? Se sim, o que o leva a ter essa certeza? Se não, quais são suas dúvidas?

_____
_____
_____
_____

7. Das opções citadas no texto, qual ou quais precisa excluir ou equilibrar em suas atitudes para se tornar mais coerente com seus valores?

_____
_____
_____
_____
_____

8. Escreva sobre a importância de conhecer o seu mundo interior.

_____
_____
_____
_____
_____

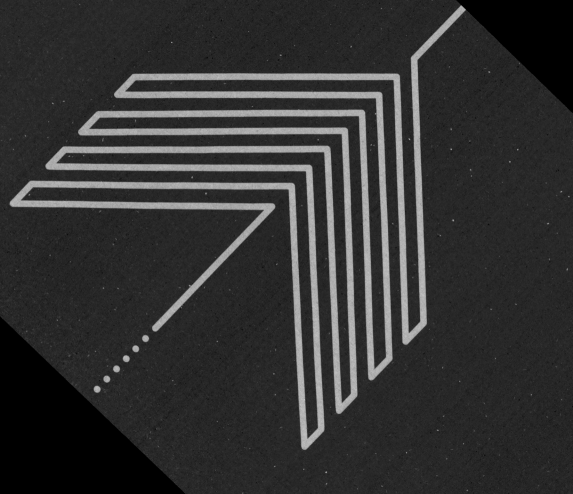

06

transforme-se – condicione novas habilidades

Por quê? Para quê?

Quando falamos em despertar o potencial realizador, queremos acordar para uma nova expectativa de crescimento. É um buscar contido na perspectiva e utilização de novos conceitos, habilidades e talentos que tantas vezes se encontram adormecidos, à espera de uma retomada esperançosa.

Desenvolver uma nova habilidade é assumir um compromisso consigo para iniciar e executar com grande disposição tarefas necessárias que projetem amplamente soluções capazes de superar situações antes incogitáveis. Com essa perspectiva, associa-se o condicionamento de novas habilidades a uma real transformação, pois somará algo novo à estrutura preexistente.

Já reparamos que a mestra denominada vida nos ensina que nada disso surge espontaneamente – ressalvadas raras excepcionalidades! Assim, só acontecerão as mudanças por arte e graça do empenho, da atenção, da dedicação e do esforço de cada um. Por isso, condicionar novos hábitos se torna imprescindível.

Bases para a transformação pessoal

Durante toda a nossa vida, desde a mais tenra idade, começamos a experimentar os treinos através de orientações que levem adiante o crescimento. Somos levados insistentemente a treinar... treinar... treinar.

TRANSFORME-SE – CONDICIONE NOVAS HABILIDADES

A insistência na repetição condiciona e prepara para que o desempenho melhore e se torne mais eficiente. Dentro dessa orientação, lembramos que os hábitos são fatores poderosos em nossa vida e que podem nos levar a um crescimento contínuo.

Segundo o autor Stephen Covey,[39] precisamos aprimorar nossas habilidades nos conhecimentos que adquirimos em busca de um desejo. É preciso ter em mente: o que fazer, por que fazer, se quer fazer, como fazer. E, por falar em melhorar, o Fórum Econômico Mundial (WEF)[40] já prevê a necessidade de desenvolver a habilidade de pensamento analítico e resolução de problemas para o futuro, pois, com a velocidade de transformação nos empregos, tornou-se indispensável a requalificação de 50% de todos os profissionais inseridos no mercado de trabalho até 2025.

O **condicionamento** envolve características que permitem empenho, zelo, atenção com a execução, dedicação, constância e estabilidade. Assim a ação se torna mais eficaz, caracterizando a vontade de produzir cada vez mais. Desde sempre, praticamos o condicionamento: engatinhar, andar, saltar, correr, ler, estudar e outras tantas atividades. Além de conscientes da necessidade de mudar, precisamos nos comprometer com a meta para mudar "o jeito de ser", tornando uma ideia em um ativo desejado. Tudo isso se justifica e sustenta a necessidade de querer mudar.

---

[39] COVEY, S. R. op cit.
[40] REDAÇÃO. Futuro do trabalho é a requalificação? **Whow!**, 20 jan. 2022. Disponível em: https://www.whow.com.br/pessoas/futuro-do-trabalho-e-a-requalificacao/. Acesso em: 11 abr. 2022.

FORÇA INTERIOR: A ÚNICA FONTE DE REALIZAÇÃO POSSÍVEL

Pilares específicos para a mudança

Para concretizar essa mudança, devemos ter em mente a importância da vontade, da ordem e do controle, pilares inerentes da transformação.

A **vontade** é a essência do querer, que torna a ideia consistente, absoluta, insuperável e integrada ao ser. Entre as propriedades vinculadas, estão:

1. **Adaptação e disponibilidade**: importantes para manter a sintonia com o todo, buscando o equilíbrio e tornando a ideia consistente, absoluta, insuperável e integrada ao ser. A adaptação nasce conosco e nos acompanha por toda a vida, ajudando-nos a ficar de acordo com as exigências dos diversos momentos, e nela buscamos preservar os traços essenciais, cedendo dentro do razoável em prol da convivência harmoniosa e da vida produtiva. A busca por tal equilíbrio é importante para permitir certa sintonia com o todo.
2. **Orientação e estratégia**: essenciais para atingir o propósito, analisando o que se deseja, como e quando alcançar, suprimindo os obstáculos que possam surgir.
3. **Paciência e prudência**: valores que desenvolvemos ao longo da vida em todos os níveis, através das circunstâncias que se apresentam. Temos neles uma bússola que nos leva a encontrar decisões mais acertadas, pondo fim à arrogância e à insensatez, predominando a moderação.
4. **Razão:** misto de cautela e discernimento que garante resultado favorável. Falo do zelo em ouvir a voz do entendimento lógico.

A finalidade do pilar da **ordem** está na sustentação do propósito determinado. A ordem se sustenta no ânimo que a envolve. É peculiar a ele o esforço ativo, para que o êxito seja alcançado. A ordem firma-se

TRANSFORME-SE – CONDICIONE NOVAS HABILIDADES

como a expressão de força do querer. As propriedades integrativas da ordem são:

1. **Alento:** impõe-se com a ordem, infundindo uma suave determinação, garantindo o exercício dos valores (ações e reações intercomunicantes) indispensáveis ao triunfo.
2. **Conveniência e oportunidade**: impõe-se um exercício de ponderação. Faz-se necessário levantar os pontos favoráveis e desfavoráveis à sua realização antes de deflagrá-lo. É a precisão no instante mais adequado para a adoção de dada conduta. Você já deve ter ouvido: "Você não tem senso de oportunidade". Significa que pode ter falado o que fosse correto, mas no momento impróprio.
3. **Dedicação e disciplina:** diz respeito ao zelo e cuidado para a prática do ato. Aí se insere a concentração, dedicação compenetrada. A disciplina tende a encaminhar o condicionamento para as práticas positivas, nas quais suas qualidades inspiram a formação do caráter, estimulando a pacificação e servindo a manutenção da boa ordem.
4. **Organização e interesse**: ligados ao entusiasmo, à realização do ato pretendido, destacando a facilitação para atingir o objetivo. É a consistência da boa ordem.
5. **Responsabilidade**: é uma constante ao longo do exercício da ordem e o será em todos os níveis. Os elos dessa corrente se estreitam, com a finalidade de emprestar firmeza e sustentação à ordem e firmá-la como pilar do propósito. Sem responsabilidade, não há ordem; e, sem ordem, não há responsabilidade.

O pilar do **controle** faz-se necessário à medida que desenvolvemos o projeto, quando precisamos acompanhar a trajetória a ser cumprida. Dúvidas e questionamentos sempre se apresentam e, para esclarecer cada um, é preciso um respaldo de quem exercita o controle, que sugere

FORÇA INTERIOR: A ÚNICA FONTE DE REALIZAÇÃO POSSÍVEL

a solução das dúvidas e o esclarecimento quanto ao rumo a ser tomado. Entre suas propriedades, destacamos:

1. **Compreensão e cooperação**: que se sobressaem como pistas de mão dupla – pela fiel identificação de um lado (por parte de quem elabora o plano de ação), e a percepção suficiente do outro lado (por parte de quem está encarregado de sua execução). Isso se inclui no alinhamento de gestão.
2. **Benevolência**: certa dose de moderação, boa vontade e condescendência promovem a temperança às relações.
3. **Clareza**: destaque na comunicação assertiva para esclarecer dúvidas.
4. **Lucidez**: é uma tendência peculiar aos que dispõem de atenção mais efetiva para cada etapa a ser realizada.
5. **Resiliência**: deve ser incentivada. Trata-se da capacidade de se adaptar a situações difíceis.
6. **Solidariedade:** possui uma carga de energia própria, repleta de vontade e emoção positivas, o que torna circunstâncias adversas passíveis de alteração.
7. **Transparência:** se apresenta com clareza, permitindo o entendimento.

Perceba que, passeando pelos três pilares, encontramos características comuns e distintas a cada um deles, que precisam ser bem analisadas para melhor se adequar e adaptar à situação. Independentemente do pilar, o mais interessante a entender é que, além de único, você possui todas as qualidades essenciais para cada situação, podendo atuar de maneira distinta em qualquer opção. Basta se adequar, reconstruir e se programar para desenvolver seu interior e dele retirar o seu melhor.

Às vezes, a mudança está relacionada aos critérios de adaptação, de disponibilidade, de tempo, e é preciso reunir as condições necessárias para o desenvolvimento da proposta e a preocupação de comunicar harmoniosamente à vida produtiva dos envolvidos. A sintonia com o todo busca o equilíbrio. Essa conexão está voltada para o desenvolvimento de um processo satisfatório.

Observe bem e perceba a necessidade de estratégias para criar o básico: o que desejamos, como construir a estrutura, quanto tempo vou gastar para atingir as metas. Quando a etapa já foi construída, notamos que a ordem aplicada sustenta o ânimo que a envolve, expressando a força do querer. Tudo se inicia com constante empenho e zelo no desdobramento de cada etapa – a dedicação. Tanto para o crescimento físico ou intelectual, precisamos ter a ordem como aliada, para encaminhar o condicionamento de maneira prática e positiva.

Por que três são os pilares que sustentam o propósito? A resposta está na ideia de emprestar-lhe a forma piramidal que, segundo os historiadores, foi escolhida pelos antigos egípcios para que seus reis ascendessem ao céu, que era o seu propósito. Nós, mais modestos, ambicionamos chegar ao ponto em que ficam a estabilidade, a segurança e a paz em nosso ser, enterrando no passado a limitação e a dor em que, por tanto tempo, padecemos.

Importância dos valores

Conscientes de seus valores, não importando se pessoais ou profissionais, construímos e edificamos o que está à nossa volta, emprestamos o que temos de melhor, pois os valores representam força, atitude, comportamentos e resultados. Por exemplo, um comunicador tem um compromisso com seus "ouvintes", tem a incumbência de comunicar de maneira clara e direta seus discursos para evitar dúvidas e embaraços. Envolto nos valores e crenças, somos capazes de construir uma cultura de alto desempenho.

Muitas vezes somos surpreendidos com "dor na consciência". Você já viveu ou conviveu com essa sensação? É uma acusação interna, presente em nosso íntimo, que nos cobra quando não cumprimos exatamente o pretendido, como se estivéssemos burlando diretrizes. Ela brada no silêncio de nossa alma quando erramos. Parece cruel, mas se faz presente. Afinal, os erros fazem parte da nossa vida – nem sempre conseguimos acertar, e com eles aprendemos muito! É importante ter consciência das falhas, pois só assim podemos amenizar o desgaste e buscar novas direções.

William Shakespeare foi bastante didático ao referir-se a esse tema: "Todos erram um dia: por descuido, por inocência ou maldade".[41] A vergonha não está no erro, mas em não se arrepender dele, mormente quando a ordem precisa ser imune a ele. Já se vê que arrepender-se e corrigir o lapso nunca foi ato de fraqueza, mas de grandeza, de adesão plena e absoluta ao que se objetiva.

Uma ordem sobre-humana dirige com infinita sabedoria tudo e todos. E sob essa ordem precisamos desenvolver o respeito, a solidariedade e a empatia. Dessa maneira, estamos nos colocando em situação de igualdade com outras pessoas, procurando entender suas razões, dores e fraquezas. Por isso aprender a conhecer-se melhor através dos valores desperta no ser humano a consciência de que, em seu interior, existe consistência em suas atitudes, favorecendo a transformação. É importante que cada um de nós assuma o comprometimento com o sistema de valores, pois ele nos torna mais verdadeiros, fraternos e felizes.

Quando assumimos nosso papel na realidade e procuramos acrescentar, enriquecer com algo valioso e prazeroso a nossa vida, estamos fortalecendo o verdadeiro Eu. Essa é uma atitude que estimula o crescimento interior.

Buscando a consciência

A consciência é o sentimento ou o conhecimento que permite ao ser humano vivenciar, experimentar ou compreender aspectos ou a totalidade de seu mundo interior. O desafio do despertar da consciência por meio da observação do que está ao nosso redor traz novas percepções, e até mesmo uma sensação de liberdade, na qual sentimos que a criatividade desponta como força de transformação.

---

41 SHAKESPEARE, W. **Frases.art**. Disponível em: https://frases.art.br/william-shakespeare. Acesso em: 28 mar. 2022.

TRANSFORME-SE – CONDICIONE NOVAS HABILIDADES

Quando começamos a ter consciência do que está travando a nossa realização, a vontade de mudança cresce. É como se surgisse uma ponte que nos convida a atravessar e ir ao encontro da transformação com confiança e coragem. Sentimos nossa determinação, nosso compromisso e comprometimento com o que precisamos mudar, e sabemos que somos capazes de mudar e de ir além das limitações. É a partir desse momento que nasce dentro de você a vontade, o entusiasmo, a garra de fazer diferente, e a certeza de poder chegar aonde quiser.

As transformações acontecem o tempo todo. Precisamos pôr a mão na consciência e avaliar minuciosamente a adequação dos fatos e dos sentimentos para que haja uma sequência lógica no desenvolver do processo. Diante do autoconhecimento e da imaginação, duas fontes essenciais para acessar o interior, podemos usufruir dessa potencialidade.

Se considerarmos que existe uma tela em nosso interior na qual podemos criar diferentes desenhos, entendemos o quanto podemos imaginar, animar, dar sentido e propor evolução a uma determinada sequência estabelecida, despertamos para possibilidades que se adequem ao resultado pretendido. Na sequência, o fluxo da consciência, a sequência de sons, imagens, sensações de fluidez, aromas, visitam constantemente a nossa cabeça. E diante de todas as possibilidades do que pode ser feito, paramos, observamos, pensamos, imaginamos e escolhemos quais recursos usar. Ativamos a memória e estabelecemos a sequência para dar continuidade à obra iniciada.

Assim, torna-se muita clara a necessidade de pensar antes de agir/reagir, de trabalhar a observação, a contemplação, a tolerância, o altruísmo e, aos poucos, nos surpreendemos com a imensa riqueza existente no próprio interior – possivelmente nunca explorada. Ao experimentar essa busca, sentimo-nos pequenos e almejamos algo a mais, além do detectado, queremos desenvolver novos hábitos e novos sentimentos. Quem sabe uma reciclagem mais objetiva.

Quando conscientes dessa realidade, temos a convicção de que podemos nos tornar mais qualificados para fazer frente às demandas da vida. A certeza que desperta de nosso íntimo nos torna felizes. A sensação de felicidade é a nossa missão durante a peregrinação a ser cumprida na face da Terra. O homem, formado de corpo e espírito, precisa aprender a ser, e não apenas a ter.

A contemplação é um experimento que enaltece o espírito. Ela traz a paz, pois, quando encaramos os fatos da vida, impedimos que eles nos massacrem. Através dela, podemos nos aperfeiçoar e dar início a uma transformação, porque "significa também examinar e considerar profunda e atentamente uma coisa já espiritual, já visível e material, olhar com determinação ou complacência a uma pessoa."[42]

Estamos diante da sinergia do processo que vai do aprendizado, da vivência, do amor até as manifestações que surgem através da disciplina, da visão, da paixão e da consciência. Quando acontecem de maneira integrada, promovem o contato com a voz interior.

Quando diante de um treinamento, mesmo que físico, precisamos aprender a trabalhar as emoções, a criar habilidades essenciais para o nosso desenvolvimento. Assim, as coisas começam a mudar de figura, e percebemos que o mundo é muito maior do que imaginamos. Dar atenção ao contexto emocional nos leva a melhorar a convivência com outras pessoas, na qual valores como respeito e solidariedade, por exemplo, ficam em evidência.

Cada caso é único

Cada um sabe de si, o que o incomoda, traz dor ou aflição, o entristece ou oprime. Por isso, é preciso destacar a melhor habilidade para ocupar o lugar daquele intruso que o persegue – tão delicado tema não possui receita pronta. Embora nos cause danos, não é como a erva daninha removível, cuja terra pode ser renovada e replantada. O ser humano é mais complexo, portanto cada caso deve ser tratado como único.

Temos em nosso íntimo um arsenal de habilidades disponíveis, aguardando o comando e a oportunidade para se manifestar. Para facilitar que

---

[42] ALMEIDA, I. Gênese do conceito de contemplação. **Presbíteros Arautos**, 5 dez. 2009. Disponível em: https://presbiteros.arautos.org/tag/importancia-da-contemplacao/. Acesso em: 28 mar. 2022.

TRANSFORME-SE – CONDICIONE NOVAS HABILIDADES

o seu potencial interior venha à tona, precisamos desenvolver novas habilidades e praticar o autoconhecimento, sem dúvida, pontos primordiais.

Quando selecionadas e ajustadas as novas habilidades, procure entender suas emoções para identificar a presença ou não do sentimento de merecimento. Se a busca foi um êxito, sinta felicidade! Se foi uma frustração, o normal é querer livrar-se dela (faz parte do "ter"). Por exemplo: qual destino damos às nossas roupas e sapatos que não nos servem mais? E o carro que vive enguiçando? Aquela comida que estragou? Amizade interesseira? E por aí afora. Assim é a vida: livrando-se das frustrações e criando outras opções.

No entanto há traços em nosso "modo de ser", "de viver" e "de sentir" de que não gostamos, mas não conseguimos nos libertar. Se observarmos, tanto a natureza quanto a vida das pessoas regem-se por leis e disposições normativas que estabelecem regularidades ou não sobre a maneira de viver de cada um. Veja os fenômenos naturais sendo regulados pela "lei da gravidade", "da atração". Assim também acontece com os homens que são enormemente influenciáveis, apesar de sua inteligência. Acabam limitando a própria liberdade em prol de algo que sequer toca a consciência. Precisamos nos libertar, revigorar e assumir o comando de nossa vida. Temos potencial e capacidade para vislumbrar essa transformação. Se não reagimos, é por medos que nem deveriam existir. Esse medo tolhe o nosso crescimento, nos enquadra em uma acomodação limitante.

É hora de dar um basta a tanta angústia, frustração e dramas! Como permitir chegar a um extremo tão desolador? O ser humano tem a seu dispor um inegável manancial interior, como consegue não enxergá-lo? Até quando vai carregar essa dor e esse sofrimento? Pare e pense que você não precisa ser assim. Precisa, sim, é se valorizar mais!

Se vivemos insatisfeitos, vulneráveis, sentimos a necessidade de mudar. Ao mudarmos, permitimos maior fluidez, autonomia e realização. Como? É uma nova expectativa que devemos experimentar. Se detectamos os entraves que prejudicam as nossas atitudes, precisamos de clareza para agir adequadamente: recuperação, substituição ou transposição. Depois de realizar o seu objetivo, é imprescindível assimilar os novos valores, aqueles que você deseja agregar ao novo "modo de ser".

FORÇA INTERIOR: A ÚNICA FONTE DE REALIZAÇÃO POSSÍVEL

Assim, descartamos os impulsos indesejáveis e as condutas inconvenientes e passamos a desfrutar de maior leveza ao reconhecer e utilizar os "pontos fortes". Tudo cooperará para dar suporte ao que você realmente quer e pode se tornar.

Querer subir na vida

A ascensão é uma pretensão quase inconsciente, mas verdadeira em todos nós.

Para ilustrar, na infância, todos (ou quase todos) um dia brincamos no balanço. Quando bem pequenas, as crianças são levadas a divertir-se nos brinquedos do parquinho e, geralmente, encontram balanços disponíveis para brincar. Comumente um adulto coloca a criança sentada no balanço e aos poucos a impulsiona com movimentos leves.

À medida que cresce, a criança começa a subir sozinha no balanço. E, apesar de ter vontade própria, não entende o que precisa fazer para ele se movimentar. Muito a contragosto, aceita a limitação. Até que, em determinado dia, consegue subir no balanço e movimentar-se bem devagar, ainda sem a força necessária. Conforme cresce, se desafia cada vez mais, até que consegue se balançar de verdade, sozinha – grande realização, grande conquista que ela alcançou! Quanto mais alto, melhor, mais emocionante! Assim também acontece na vida adulta. Sim, pois o crescimento e o desenvolvimento pessoal são uma conquista que tem início, no ponto zero.

Então vejamos. Se você tem a oportunidade de participar de um evento que muito lhe interessa, mas desconhece o contexto de maneira geral, deixaria passar só para não se sentir humilhado ou investiria em si para aprender e participar? Assumiria a sua responsabilidade para desafiar-se?

Partindo do zero, imagine querer aprender algo e não saber por onde nem como começar. Alguém o orienta, trazendo o conhecimento, e você se dispõe a estudar para aprender, mas esbarra em uma série de dificuldades. Volta à orientação, dedica-se mais, procura entender o porquê dos fatos e, vagarosamente, assimila o conteúdo. Quando sente

TRANSFORME-SE – CONDICIONE NOVAS HABILIDADES

que consegue seguir adiante, procura aprimorar os saberes e quer colocar em prática, cada vez mais animado.

Sem muita pretensão, sente que está evoluindo, desempenhando suas tarefas com mais equilíbrio. Com um pouco mais de entusiasmo, sente que pode, que está em alta performance! Se tem interesse na proposta, empodera-se, e o resultado se avoluma de tal maneira que o sentimento de realização o torna capaz de partilhar com as outras pessoas a experiência que vivenciou, agindo pacientemente e com destreza. Enriqueceu seu potencial, trazendo para a sua vida valores que estavam trancafiados em seu interior.

Observe que a estrutura representada pela brincadeira no balanço se traduz em um movimento consciente e constante, no qual a disposição se torna cada vez maior, a ponto de desenvolver autoconfiança. Levando em consideração que impulsionar o balanço pode estimular a vontade de subir cada vez mais alto, procure substituir a brincadeira por uma oportunidade que pode levá-lo ao pódio. Faz sentido, certo? Com essa expectativa, crie uma realidade mais inspiradora para você.

As habilidades e seu condicionamento

Para mudar o "jeito de ser" é essencial comprometer-se com a sua meta. Transforme uma ideia em um desejo ativo e decisivo, um verdadeiro propósito ou objetivo a ser conquistado.

Para concretizar todo e qualquer propósito, devemos ter em mente que a essência da vontade está no querer, tornando a ideia consistente, absoluta, insuperável e integrada ao ser. Mas nem tudo depende dela: muitas vezes a situação está relacionada aos critérios de adaptação, de disponibilidade, de tempo para reunir as condições necessárias para o desenvolvimento da proposta e, até mesmo, de preocupação com a comunicação harmoniosa e com a vida produtiva dos envolvidos. A sintonia com o todo busca o equilíbrio.

Observe que são vários os pontos que se conectam para que o processo seja efetivo. Vimos, no exemplo anterior, que precisamos de

FORÇA INTERIOR: A ÚNICA FONTE DE REALIZAÇÃO POSSÍVEL

estratégias para responder aos quesitos sobre o que desejamos: como construir a estrutura, quanto tempo vou levar para acertar o alvo? Esses são pontos importantes para atingir as metas. Ele também nos alerta a buscar orientações verdadeiras que nos levem a construir o caminho desejado, o propósito, priorizando etapas e guardando coerência de modo a manter a força em um ritmo bom e constante.

Quando temos construída essa primeira etapa, percebemos que ordenamos cautelosamente os princípios e valores, indispensáveis ao triunfo. Porque a ordem sustenta o ânimo que a envolve. O vocábulo "ânimo" tem origem latina e representa o conteúdo da identidade humana, ou seja, a alma. A ordem firmou-se como a expressão de força do querer.

Tudo se iniciou com o constante empenho e zelo no desdobramento de cada etapa, isso é dedicar-se! É muito bom fazer as coisas de boa vontade e com solicitude, pois isso recende um otimismo que impregna a atmosfera. É o permitir-se absorver pela concretização de um fim, com dedicação exclusiva e compenetrada.

Em todo crescimento, físico ou intelectual, precisamos ter como aliada a disciplina para encaminhar o condicionamento às práticas positivas, apresentando modelos e exemplos de seres humanos, para que as qualidades inspirem a formação do caráter, acrescentando substância à convivência no contexto humano. Desenvolver o respeito, a solidariedade e a empatia são exemplos de como abraçar as outras pessoas. Um abraço acolhedor nos coloca em situação de igualdade para entender as razões, as fraquezas e as dores.

Entretanto, se você recua para não participar e não desenvolver estratégias, por preguiça ou "falta de tempo", possivelmente vai se arrepender pela sua fraqueza. Mesmo quando não sabemos nada, devemos querer aprender, participar. Só assim desenvolvemos nossas capacidades e evoluímos como seres pensantes.

Ninguém gosta de errar e, pior ainda, para alguns de nós reconhecer o erro é uma tragédia! A acusação mora em nossa consciência, é irresistível e resolutamente brada no silêncio de nossa alma quando erramos. A vergonha não está no erro, mas em não se arrepender dele, sobretudo quando a ordem precisa ser imune a ele.

TRANSFORME-SE – CONDICIONE NOVAS HABILIDADES

Portanto, não perca as oportunidades que chegam a você. Procure contrapor a sua fraqueza com algo estimulante que o leve a fortalecer o seu espírito. Assim, você se torna uma pessoa agradável, consciente, com disponibilidade para engajar em diferentes frentes, sempre cooperando para o fortalecimento da equipe.

Acrescentando a essa sequência de valores, que devem e precisam ser trabalhados e condicionados para que possamos desempenhar bem atitudes e comportamentos, gostaria de citar alguns outros: **resiliência**, caracterizada por "dar a volta por cima"; **transparência**, lucidez, benevolência, que caracterizam o caráter; compreensão, cooperação e **clareza**, que regem a comunicação, oral ou escrita, de maneira direta, para não criar dúvidas e embaraços; que é o compromisso assumido pelo redator ou comunicador.

O saber emocional

Dar atenção ao contexto emocional é procurar viver o dia a dia em equilíbrio, porque, quando trabalhamos nossos valores, a convivência se torna mais respeitosa, solidária, amistosa com as pessoas, em família ou na empresa. Fica tudo mais fácil à medida que desenvolvemos o emocional, pois criamos habilidades essenciais para evoluir, sentimos que o mundo é muito maior do que imaginamos.

Quando nos permitimos criar na mente sonhos que podem se tornar realidade, os limites se expandem para novos horizontes e realizações. Os pensamentos e palavras criam imagens em nossa mente. Se gostamos e as consideramos valiosas, elas nos estimulam e elevam a autoestima, desenvolvendo a autoconfiança. Com ela, por sua vez, o resultado é a conquista.

É preciso aprender a ser, mas para isso precisamos nos conhecer. Conectar o contexto emocional, que valoriza e estimula o potencial interior, torna a convivência mais harmônica, mais estável e é o ponto inicial para aprendermos a ser transparentes, a ter coragem de falar sobre nós, sobre nossas crises, perdas e falhas. Essas atitudes permitem agir de acordo com a consciência, deixando de lado os "fantasmas" que podem prejudicar a saúde mental.

FORÇA INTERIOR: A ÚNICA FONTE DE REALIZAÇÃO POSSÍVEL

Ao plantar sementes em nossa mente em forma de estímulos, sentimos que algo brota vigorosamente, como se fosse a germinação de uma força que permite o crescimento do caule, dos frutos e das flores, independentemente de surgirem espinhos. É apenas um exercício de imaginação! Experimente...

A emoção não é uma linguagem, mas um meio de expressão que abre o caminho da linguagem. É uma forma de comunicação fundamental no desenvolvimento da atividade simbólica e revela as transformações ocorridas ao longo da vida, permitindo ao indivíduo estabelecer seus primeiros contatos. A linguagem, a memória, a percepção e a atenção estão carregadas de emoções e sentimentos.

Aprender a conhecer-se melhor através dos valores faz com que o ser humano desperte a consciência de seu interior e tenha consistência em suas atitudes, favorecendo a transformação, que ocorre sob a emoção. E, para complementar o circuito, assuma o comprometimento com seu sistema de valores.

Gerenciar as emoções é fundamental para fortalecer o homem em todos os aspectos, tanto nos princípios das lideranças interpessoal, empática e criativa quanto na vivência intrapessoal. Entendemos que essa maneira pode ser capaz de oferecer suporte a alterações comportamentais necessárias para o convívio em sociedade, na qual as pessoas ambicionam superar obstáculos que impedem o desfrute de uma existência menos sofrida e com margem para o crescimento do Eu.

Reta de chegada

Já caminhamos uma boa parte do nosso trajeto. Nele, entendemos a essência da mudança pessoal, com destaque à necessidade de superar em diferentes sentidos, o que se abre, no linguajar popular, para "a hora da virada". Precisamos do autoconhecimento e das relações estratégicas para que essa experiência se efetive de modo autêntico.

Imagine-se como um trapezista em plena evolução. Em determinado momento você percebe a necessidade de substituir a antiga ferramenta, que não oferece mais segurança, por outra mais atualizada e promissora.

TRANSFORME-SE – CONDICIONE NOVAS HABILIDADES

Dessa maneira, abandoná-la parece a melhor alternativa, pois permitirá uma nova performance. Se o "trapézio" já não oferece boas condições, por que insistir em continuar com ele?

É preciso ter atenção para planar com determinação até aterrissar. Voltar o olhar para a frente, investir em uma nova conquista, mais segura e promissora, possibilita alçar voos mais altos e conscientemente executados em todas as oportunidades: lazer, trabalho, pessoal – sempre com a convicção de que a mudança pessoal é um movimento constante e necessário, pois permite um crescimento contínuo.

Quando diante dessa situação, permitimo-nos a sensação de segurança, de autoconfiança, que encontramos a partir do autoconhecimento, desenvolvendo uma oportunidade vital para evoluir e crescer voltado para o nosso mundo interior.

Ficou clara a ideia de que a alteração pretendida é o nosso propósito que se mantém com base em três pilares: a vontade, a ordem e o controle. De cada pilar, destacamos componentes verdadeiros e interessantes que fazem frente à aspiração de cada um, como simples amostragens, para a composição do novo trapézio que há de permitir voos mais altos e seguros.

Toda mudança que se pretende realizar depende apenas de cada um de nós. É possível melhorar a qualidade da existência escolhendo o melhor para si, você merece! "Seu trabalho mais importante está sempre à sua frente."[43]

---

[43] COVEY, S. R. **A 3ª alternativa**: resolvendo os problemas mais difíceis da vida. Rio de Janeiro: BestSeller, 2012.

ATIVIDADES

Responda a estas questões, levando em consideração a sua evolução no processo de transformação.

1. O que se passa em seu interior que reflete nos resultados e na realidade?

_____
_____
_____
_____
_____

2. Você é consciente das ações que pratica diariamente? Quais resultados não o deixam feliz? E quais o realizam?

_____
_____
_____
_____
_____

3. Suas atitudes estão coerentes com as suas expectativas? Se sim, parabéns! Se não, reflita e perceba quais alterações acrescentar para melhorar seu desempenho. Escreva aqui as opções.

_____
_____
_____
_____
_____
_____

▶▶

4. Já parou para observar, pensar e refletir como está a sua vida? Concentre-se nessa tarefa e escreva as respostas.

_____
_____
_____
_____

5. Tem sentido o despertar da consciência em sua vida? Quais opções poderia favorecer?

_____
_____
_____

6. Se voltar seu olhar para outro ângulo, encontrará opções diversas que permitam conquistar novos resultados, novos posicionamentos. O que gostaria de enxergar nesse exercício?

_____
_____
_____

7. Defina o que está deixando de fazer que compromete seus resultados.

_____
_____
_____
_____

Experimente! Quando estiver fazendo uma leitura, experimente ouvir a sua voz interior. Quais ideias ou pensamentos ela inspira? Essa é uma estratégia para passar a conhecer seus sentimentos, seus movimentos de aprovação ou reprovação.

07
Gestão de emoções

Primeiras ideias

Afirma-se que a emoção é a primeira forma de comunicação humana. Ainda que despojados de maior rigor científico, podemos aludir a manifestações psíquicas – seja a memória, a imaginação, a linguagem, as funções sensorial e motora – e as emoções se intercomunicam, pois provêm da mesma fonte: a psique. Esta é reconhecida como a alma, a vida física e mental. Difere do espírito, o sopro de vida, o princípio vital do ser humano. É ele a força impessoal e indispensável. Apesar disso, sem destinação para pensar ou sentir e, se ausente em nós, "voltamos ao pó". Graças ao espírito, possuímos um corpo e uma alma dele dependentes, sendo certo que o alojamento para a nossa consciência, para os fenômenos mentais e psicológicos, entre os quais as emoções, está na alma, materialmente no campo cerebral. Por força da intercomunicação da emoção com as funções psíquicas, poderemos entrevê-la no desenvolvimento geral de cada um de nós.

Da emoção, por retratar em sua origem as nossas primeiras manifestações psíquicas, deduz-se que seja uma reação essencial de vínculo com o mundo exterior. Na criança, o gritar, o chorar, o espernear, estampam a necessidade do contato, da interação. Atua não propriamente como linguagem, mas como uma pré-linguagem. Sobre ela menciona o psicólogo L. S. Vigotski: "... qualquer que seja a forma do pensamento: representações afetivas, imaginação, fantasia ou pensamento lógico, ele tem em sua base uma emoção. [...] O pensamento propriamente dito é gerado pela motivação, isto é, por nossos desejos e necessidades, nossos interesses e emoções".[44]

A evolução interior, alcançada à medida que se amplia o autoconhecimento, reprocessa nossa forma de ver e de atuar na vida, refletindo mudanças no terreno emocional. Assim, feitas as adesões às novas habilidades e após elas serem devidamente ajustadas, propiciarão o sentimento de um justo merecimento, fixando a sensação de que sua busca valeu a pena, foi um grande êxito, e você pode ficar feliz, pois é um ser humano melhor!

Todavia, ser feliz é bem mais do que estar alegre, imergir em um oásis de prazer, até porque a emoção não é saudável nem livre em si mesma se não for criativa. Pode-se estar alegre e a alegria ser doentia. Daí vem a necessidade de se extrair algum conteúdo positivo da efusividade, podendo-se falar de uma "felicidade inteligente".

É preciso que a felicidade que se sente e vive seja fiel à nossa própria consciência, aproximando-se de valores generosos e evitando-se contaminá-la com o imediatismo e as necessidades tidas como neuróticas, como o anseio por melhor posição social. Não se pode ser feliz sem ética, transparência e alinhamento de ideais.

A correção de intenções e de atitudes não comportam meios-termos: ou se tem, ou não se tem. Pode-se sondá-la a partir da regra básica da tranquilidade esclarecida: dinheiro não garante a felicidade, mas sua falta

---

[44] VIGOTSKI, L. S. **Pensamento e linguagem**. São Paulo: Martins Fontes, 2008.

FORÇA INTERIOR: A ÚNICA FONTE DE REALIZAÇÃO POSSÍVEL

garante a ansiedade, seu mau uso pode financiar o orgulho, a arrogância e a necessidade neurotizada de estar acima dos demais. Seu mau uso empobrece tanto quanto sua falta.

Na educação dos filhos, precisam os pais acender o brilho daquilo que dinheiro nenhum pode comprar: o fascínio da vida à sua volta, as maravilhas da natureza, valores como as boas amizades e brincadeiras instrutivas e salutares. O deslumbramento precoce com uma realidade altamente agradável e, por isso, sedutora coopera em muito com o desenvolvimento humano. Isso nos importa porque vivemos tempos não muito fáceis, uma "era do entristecimento humano", na qual, a despeito do desenvolvimento em geral e da poderosa indústria do lazer, grassam a depressão, a ansiedade e o desencanto com a vida.

É por isso que se mostra tão importante deixar-se arrebatar pelas oportunidades de cada nascer do sol. Cada dia que desponta não precisa ser a repetição de uma monótona rotina, mas a chance de um recomeço, de uma aventura que só poderá ser desfrutada pelo privilégio de estar vivo. Este deve ser o enfoque para trabalhar, produzir, crescer: ações que assumem o talhe de feitos notáveis; vivenciar a sensação de ser, a um só tempo, o profissional competente e o ser humano bem-humorado. Não tenso, mas intenso!

Dado indispensável a ser considerado em nossa evolução é a empatia. A ação de colocar-se no lugar do outro nos conduz a ser ponte em lugar de muro, quebra o isolamento massacrante ao viabilizar roteiros para o entendimento libertador. Esse movimento ascensional interior em muito nos ajudará integrar nossos dias com leituras e filmes inspiradores e pessoas altruístas, que contribuem para animar e oferecer sustentação para o ingresso e a permanência de valores positivos em nosso intelecto.

Há nisso tudo uma curiosa proporção: quanto mais irrigamos a emoção dos outros, mais expandimos nossa potencialidade de nos encantar com a vida. Na captação de bons e sólidos valores para o nosso próprio bem, estará o ato de fazer felizes os demais, pois aí se produz um revigoramento eficaz. É preciso sair de si mesmo para alcançar o outro, mas vale a pena, e os resultados são prodigiosos!

A ação emocional se contrapõe à racional; está presente no senso comum como razão simplesmente. Se pretendermos aprofundar-lhe sentido e dimensão conceitual, poderemos entrever nela o zelo na audição do entendimento lógico. Desse modo, situa-se um misto de cautela e discernimento em uma proporção que enseja resultado favorável.

Mas atenção: o ideal será mesclarmos, tanto quanto possível, razão e emoção. Ninguém deve ser 100% uma ou outra. Os ultrarracionais são insuportáveis, buscando as relações de causa e efeito em tudo ou os fundamentos norteadores disso e daquilo. Por outro lado, os emocionais radicais, ao darem vazão às suas reações, soltam, às tontas, os instintos padecentes da ausência de responsabilidade ao fazê-lo. Fica evidente que uma saudável proporcionalidade, sensível em cada caso, poderá evitar o fracasso de projetos promissores e o comprometimento de um planejamento meticuloso e eficiente. Por tudo isso, deve-se preservar a estabilidade nas interações, celebrando nelas o bom senso.

A emoção possui elementos psíquicos e fisiológicos de variável predominância, e é necessária a presença de ambos para concretizá-la. Mas é importante ainda distingui-la de sentimento. A emoção apresenta a brevidade como qualidade de seu impacto, enquanto o sentimento possui um estado mais estendido no tempo.

Características básicas da emocionalidade

No campo emocional, características da personalidade mais simples – como raiva, rejeição, impulsividade, eliminação e negação – são aprendidas com grande rapidez, pois requerem a formação de arquivos mentais sem grandes complexidades. Raiva, ódio, gritos, discussão, vingança refletem uma atuação superficial do Eu, por meio da "lei do menor esforço". Toda vez que você ofende, rejeita ou age com impulsividade, pega um atalho mental, em vez de utilizar o caminho mais longo e elaborado, que se pauta em um raciocínio que prima pela tolerância, pela paciência ou pelo altruísmo.

Não precisamos deixar a emoção "solta". Isso não é confiável. Desse modo, não somos obrigados a responder rapidamente a filhos,

FORÇA INTERIOR: A ÚNICA FONTE DE REALIZAÇÃO POSSÍVEL

parceiros, amigos ou colegas de trabalho sob a pena de cometermos impropriedades e grosserias de que, em seguida, nos arrependeremos. Observe que, assim, melhor será passar por lento do que por estúpido. Consideremos que ser instintivo depende da carga genética, não de treinamento e muito menos de transpiração; já controlar o impulso, superar a verdadeira ditadura de "dar o troco" em atenção a um instinto primitivo, demanda recrutar um esforço animado por funções complexas não cognitivas que precisam ser treinadas ao longo da vida. No entanto, ao se conseguir tal intento, um sentimento auspicioso se apoderará de seu ser. Você obteve o maior dos triunfos, o mais difícil, pois venceu a si mesmo!

Do ângulo da gestão da emoção, o forte não é quem mostra vigor físico, mas quem exibe vigor mental; não é quem fala mais alto, senão aquele que com brandura expressa seu ponto de vista; não o que pressiona para subjugar, mas o que usa o diálogo para influenciar e ainda abre espaço para a crítica. A força produz aduladores; a inteligência conquista amigos. O poder produz servos, mas só o diálogo cria mentes livres.

Demarcamos os aspectos iniciais das emoções tão logo somos por elas impactados. Ostentam conformações positivas ou negativas de relevância uma vez que repercutiram em nossa vida, passando a integrar motivações passíveis de modificar nosso comportamento social. Quer se revistam de um ou outro caráter, a emocionalidade prima pelo fato de ser invasiva por sua própria natureza.

Neste capítulo, a abordagem será revestida de simplicidade, pois se limitará ao encaminhamento do autoconhecimento, sem qualquer preocupação com o esgotamento do tema emoções. Por isso, apenas a título de exemplo, listaremos uma representação prática de tipologias positivas e negativas para desdobrarmos a sugestão de sua administração em nossa vida.

Podemos contar entre as emoções positivas o amor, o bem-estar, a diversão, o entusiasmo, a felicidade, a gratidão, o humor, a identidade, a motivação e a partilha. No que toca as emoções negativas, podemos citar a angústia, a culpa, a decepção, o estresse, a frustração, a ira, o medo, a opressão, a tristeza e a vergonha.

GESTÃO DE EMOÇÕES

Destaco ainda uma emoção clássica para ser vivenciada por todos, na qual se fazem presentes conteúdos positivos e que, simultaneamente, guarda bilateralidade entre as partes envolvidas. Trata-se da partilha, algo de que você possa dispor e que seja de intenso interesse para alguém, preferencialmente satisfazendo o beneficiário sem que ele venha a saber quem proporcionou. Através dela, é possível conhecer a marcante impressão de prazer sentida a partir da realização do bem ao próximo. A ação é passível de causar emoção a quem a pratica e ao alvo alcançado.

Precisamos zelar por atingir e manter a possível estabilidade emocional. Possível porque é inviável a manutenção do nível emocional constantemente estável. Dada sua oscilação, ninguém pode estar sempre alegre.

A saúde emocional está na alegria de viver e na maior preservação desse prazer, sem isenção para a ansiedade ou o assédio das preocupações, apenas fazendo uso da maturidade alcançada. Quem está saudável emocionalmente se poupa de atritos, intrigas alheias, críticas injustas e discórdias; não faz da área emocional uma espécie de escoadouro de lixo ou uma terra sem dono, assume o controle da área e permite acesso apenas a quem seja de seu especial interesse.

Tornamos a realçar que o tema se reveste de acesa dificuldade pela complexidade que o envolve, de maneira que nos ateremos ao campo mais simples de sua percepção natural e prática contributiva para o autoconhecimento. Vamos a isso!

Entendendo as emoções positivas

Nossa abordagem principiará com o **amor**, quatro letras capazes de inundar e arrebatar a alma. Ele faz alçar voos a inimagináveis alturas e amplificadas latitudes. Propicia rumos benéficos à existência, pois se reveste do bem, dirigente seguro para as boas e sólidas realizações humanas.

Segue-se o **bem-estar**, que traz em si a placidez, a calmaria das águas mansas, a contemplação do que é belo e proveitoso, enfim, o desfrute de uma alegria serena, que pacifica o nosso ser.

FORÇA INTERIOR: A ÚNICA FONTE DE REALIZAÇÃO POSSÍVEL

Outra derivação será a **diversão**, entendida como a atividade de entretenimento prazeroso, uma utilização proveitosa do tempo.

O **entusiasmo** revela a alegria, o justo jubilo por aquilo que se espera realizar ou esteja realizando, deixando fluir um resultado altamente compensador. É interessante verificar que essa palavra vem do grego "Deus em mim", que representa alta potência criativa.

A **felicidade** costuma merecer a classificação de substantivo abstrato. Sua origem a vincula à procriação humana e à produção da terra (nascimento/colheita), eventos geradores de um estado de alegria e genuína satisfação. A sensação se reprisa em nós como sementes que germinam e dão bons frutos. Não por outra razão, afirmam pensadores como Tales de Mileto e Sócrates, a felicidade é encontrada a partir de nós, e não dos outros, que apenas são capazes de incrementá-la.

A **gratidão** é o resultado iluminado pelo reconhecimento da grandeza de um ato praticado em benefício de alguém. Na verdade, possui uma dupla dimensão, pois toca simultaneamente o benfeitor e o beneficiado.

O **humor** imprime o estado de ânimo presente no indivíduo. Alguns teóricos evitam denominá-lo emoção para enquadrá-lo como estado de espírito ou simples ânimo individual. De todo modo, espelha um estado afetivo, o que nos basta para ilustrar uma emoção positiva. Claro que o bom humor, quer pela leveza que produz, quer por seu conteúdo contagiante, convida os circunstantes a momentos de contentamento e agradável vibração.

A **identidade** aflora a partir das características peculiares da pessoa, distinguindo-a das demais. Todavia, no caso de certas coincidências na maneira de ser, de contemplar os fatos, de agir e de reagir, dá-se naturalmente a aproximação entre aqueles que demonstram um perfil semelhante. Realmente é interessante e gratificante constatar que o outro "pensa como você", como se costuma dizer, dá-nos a sensação de comunidade. Mais adiante analisaremos como as corporações adotam certo padrão como paradigma e passam a contratar colaboradores em similitude.

A **motivação** é uma espécie de "motor de arranque", porque faz romper a inércia, forma de "descanso" não edificante, e até mesmo

GESTÃO DE EMOÇÕES

sufocante, que pode obstruir tanto o pensar como o agir. Salva-nos a motivação, que traz consigo a aragem capaz de espanar a monotonia e estimular a ação construtiva.

A **partilha** se contrapõe à concentração egoísta. Essa sorte de apoio imaterial possui extraordinário valor e faz um grande bem a quem o pratica. Bom lembrar que o ser humano médio ainda não se deu conta do intenso valor moral dessa modalidade de partilha. Nela não há perdedores. Também é importante destacar que a alegria de quem pratica o bem se exaure com a ação; não se espera nada em troca no presente ou no futuro, pois isso tornaria desnaturado o ato.

Pesquisando algumas emoções negativas

É importante refletir que, normalmente, não faltam às pessoas os recursos para enfrentar as emoções não positivas. Na verdade, elas os possuem, só que desconhecem tal fato. Muitos nunca pararam para pensar nisso e, por isso, buscam socorro exterior, quando ele dorme dentro de si – só é preciso saber despertá-lo.

Principiemos pela **angústia**, que se instaura com muda sensação de insegurança e evolui para a aflição. A pessoa torna-se irritada. Há uma tendência nas pessoas pessimistas de tornarem-se angustiadas.

A **culpa** reside no reconhecimento de erro, falta ou defeito para o qual não se encontrou um meio de superação e aquilo passa a "pesar" sob a acusação de nosso juízo crítico.

A **decepção** refere-se a uma frustração, normalmente consequente de uma esperança não realizada. O malogro em geral se dá por expectativas impossíveis, esquecendo que, de ordinário, só se colhe o que se semeia.

Estresse, creio, pode ser resumido como o expressivo cansaço físico e/ou mental que acomete pessoas assoberbadas, assim entendidos todos os que, por vontade própria ou em virtude de obrigação, se veem compelidos a assumir ônus ou encargos superiores aos seus limites, daí resultando em esgotamento, que pode evoluir à apatia generalizada.

Não se pode ser feliz sem ética, transparência e alinhamento de ideais.

GESTÃO DE EMOÇÕES

Na **frustração**, o indivíduo concentra o melhor de seu empenho na consecução de certa finalidade, mas, apesar da excelência de seus esforços, eles se mostraram insuscetíveis de fazê-lo alcançar a pretensão, emprestando-lhe a sempre amarga marca da derrota. Ao indivíduo resta uma impressão de imprestabilidade capaz de fragilizar sua potencialidade para a luta na obtenção de seus sonhos.

A **ira**, ou **raiva**, também consiste na resposta a algo que contrariou uma expectativa. Pode-se mesmo revelar uma faceta tóxica na ira, pois ela possui um poder corrosivo para aquele que é por ela tomado, comprometendo seu equilíbrio, sua tranquilidade interior, impelindo-o, tantas vezes, a atos impensados capazes de projetar efeitos nefastos a si e a outras pessoas.

O **medo** traduz nítido desequilíbrio pessoal, na medida em que retrata fragilidade na estrutura psicológica do que dele padece. Se permitirmos, seu crescimento pode nos asfixiar ou paralisar. Não obstante, ao refletir a consequência da necessária prudência para nos conduzir perante os fatos da vida, suscetíveis de produzir situações de risco, pode-se concluir que alguma dose de temor é necessária na condução do ser humano em sua jornada para a própria preservação, escapando de perigos e evitando ameaças à sua integridade.

A **opressão** é uma forma de domínio do mal. É tão cruel e covarde que costuma se apresentar como uma necessidade transitória, falsa desde a raiz, mas defendida sob mentirosos fundamentos criados por aqueles que dela tiram proveito. A ação envolve a submissão de outrem de acordo com a vontade do opressor.

A **tristeza** faz o ser humano imergir na escuridão interior, levando-o por isso à descrença e à desesperança. A questão posta será: como viver sem acreditar ou formar expectativas viáveis sobre as coisas? Sem a concepção de um futuro melhor? Apenas voltado para os enganos, resultando na perda da crença em si? O triste elimina a possibilidade de viver a clareza solar; ele vagueia, perdido, entre as sombras.

A **vergonha** diz respeito a um estado de constrangimento, sem referir-se necessariamente a um erro que tenha sido cometido. Aí, pelo menos, o descrédito sentido seria justificado. Contudo, surge outra

FORÇA INTERIOR: A ÚNICA FONTE DE REALIZAÇÃO POSSÍVEL

modalidade: é a que fala de uma relação conflituosa gerada em nós, por nós e contra nós. Loucura pura!

A busca incessante pelo equilíbrio

Há um nexo necessário entre o ser humano e certa fragilidade peculiar à sua estrutura e finitude. Há sempre uma ativa pretensão de viver-se mais e com melhor qualidade à medida que avançam o tempo e o progresso. O homem sabe que, para tanto, é necessário esforço em torno da geração de um sistema que permita um equilíbrio tal que sua rotina, saúde e objetivos mantenham-se estáveis, propícios a acompanhar essa evolução. Também assim deve ocorrer em sua "vida interior", a partir da psique, em que nascem e vivem as emoções.

É intensa a procura de um estado de coisas em que se perpetuem fatos e situações agradáveis, positivas, felizes. A expansão dos estudos sobre o nosso íntimo mostra que isso, quando muito, chegará a ser um "estado de espírito" muito cultivado, anos a fio, por perseverantes pensadores filósofos. Nada fácil! Ademais, não há como fazer uma triagem, liberando apenas as emoções positivas e descartando as negativas, vez que a chegada até nós de umas e outras é absolutamente fortuita. Para nos aproximarmos desse anseio, devemos nos empenhar especialmente na positividade de nosso pensamento.

Nesse propósito, é fato que a impulsividade não é boa conselheira na maioria das situações. A ela não se deve ceder, pois não é razoável dar vazão ao puro ímpeto. Ser comedido nos salva de inúmeros atropelos. É certo que há circunstâncias em que forçosa será a pronta reação; dela não nos poderemos eximir. Todavia, precisamos manter vivo o reflexo da predominância da atuação ponderada perante os fatos da vida; afinal, uma certa dose de leveza é essencial.

Submetidos a uma onda de estresse, precisamos recobrar a lucidez do entendimento o quanto antes. Nesse particular, cooperam conosco: alterar a cadência respiratória, tornando-a mais estendida; abaixar o tom

GESTÃO DE EMOÇÕES

da própria voz; reduzir o gestual ao mínimo necessário. Em um segundo momento: caberá uma reflexão sobre o que se pôde aprender com o fato; alguma leitura seletiva será sempre bem-vinda; é desejável a prática de atividade física, mesmo que uma simples caminhada para espairecer. Por fim, deixemos estabelecido que uma emoção não pode ser suprimida, mas deve ser controlada. Uma emoção mal conduzida compromete a estabilidade, sendo passível de nos causar malefícios pessoais.

A procura do equilíbrio é indispensável, e a recompensa é enorme. Se outros conseguiram, por que nós não o faríamos? Brilhe em nós a esperança! Ela nos trará a necessária paciência. É preciso que resgatemos nossos esforços para conseguir ascender ao caminhar autônomo. Foram muitos os tombos seguidos, os machucados doídos, as lágrimas sentidas, até conquistarmos a vitória: tornamo-nos um "bebê andante".

Agora estamos, de novo, engatinhando, só que na busca do equilíbrio emocional. É certo que precisaremos de ajuda, pois vamos cair aqui e ali, mas gradualmente chegaremos aonde precisamos, como quando começamos a andar. Paciência é todo o necessário para processar a esperança. Como o bebê que um dia fomos, não nos faltará a perseverança peculiar aos que se alimentam da esperança, sustentada pela paciência. Somos invencíveis!

Há alguns artifícios de que podemos lançar mão nessa caminhada. A imaginação é um deles. Ela trata da aptidão para criar imagens mentais das coisas sensíveis, perceptíveis pelos cinco sentidos. Enseja a possibilidade de pensarmos além do que concretamente existe, permitindo o ingresso em um mundo de nossa autoria, onde podemos ajustar as coisas segundo nosso desejo ou necessidade. Bem dirigida, pode produzir efeitos importantes de grande utilidade. Os riscos que apresenta, a depender do estado de ânimo, são o pessimismo, paixões desordenadas ou prazeres que provocam vertigem moral.

Em que pesem essas considerações, sua correta e saudável administração pode acrescentar notáveis estímulos positivos àqueles que assim orientam o pensamento. Ademais, não se pode negar que a imaginação é uma possibilidade presente em todo ser humano e "aquele após verificar quaisquer desvios da imaginação, se aplicasse a arruinar o impulso dessa

FORÇA INTERIOR: A ÚNICA FONTE DE REALIZAÇÃO POSSÍVEL

faculdade, se assemelharia ao cirurgião que quisesse cortar as pernas de um doente, sob o pretexto de que ele sofre de reumatismo. Não se trata de amputar, mas de curar", lembra-nos o filósofo R. Jolivet.[45] O autor faz alusão aos benefícios da fantasia imaginativa nas crianças, pois fazem progressos mais rápidos, despertando-lhes o desejo de aprender e o desejo do sucesso. Além do mais, alimenta a nossa esperança na medida em que se torna incessante a criação de novas perspectivas. Coopera sensivelmente na atividade de aspiração do bem, na sustentação do devotamento às causas nobres, desenvolvendo uma sociabilidade empática, essencial ao exercício da cidadania. Desse modo se posta a serviço da razão e, quando por ela regulada, será capaz de muito cooperar para o enriquecimento moral da existência humana.

A imaginação não é instintiva, ou seja, resultado de tendências naturais, mas pode despertar uma inclinação pessoal. Nesse caminhar, qualifica-se como uma tendência adquirida; portanto, atentaremos para a importância da vontade seletiva nesse processo, reforçando que sua correta utilização gera prazer, enquanto sua condenável aplicação resulta em dor.

Estratégia para gerir as emoções

Ora, como constatamos, lidar com algo a um só tempo imprevisível, arrebatador e invasivo como são as emoções necessita de algum preparo prévio – não propriamente um treinamento, mas uma estratégia.

É possível mesmo lidar com uma emoção? Lidar, gerir, administrar uma emoção não é uma escolha, e sim uma necessidade, dado que não podemos ignorá-la, mas também não desejamos ficar eternamente sujeitos a ela. Não queremos ser dominados e, já que não podemos subjugá-la, apagá-la, precisamos com ela conviver tão harmoniosamente quanto possível.

---

[45] JOLIVET, R. **Curso de filosofia**. Rio de Janeiro: Agir, 1970.

GESTÃO DE EMOÇÕES

Por que se descarta o treinamento? Posso preparar-me para uma conquista atlética, para uma conquista intelectual, e até mesmo para uma conquista romântica, através de um treinamento, porque com ele preparo-me para um propósito **definido**. O problema se instala quando não posso medir como ou em que momento será uma emoção, pois ela é basicamente **indefinida**. Sei que, se for ao sepultamento de uma pessoa querida, há uma tendência a sentir alguma emoção. Mas como? Com que potência? Sei que posso me emocionar em um reencontro amoroso, mas de que modo? Não há treinamento para aprender a esperar aquilo que não se sabe definir!

Como seria uma estratégia viável? Para lidar com as águas, com os ventos, com o indeterminado, eu planejo uma estratégia. Algo parecido com o que eu fazia quando estava aprendendo a andar: buscava apoio nos móveis, nas pernas das pessoas, em suas mãos, e treinava os movimentos que levariam ao equilíbrio mais adiante. Rapidamente, aprendia a importância da calma: um passo de cada vez. Caí e não doeu? Levanto-me e continuo: quero andar, não rastejar. Quando eu me equilibrar, cairei menos. Experimento uma corridinha desajeitada. Com o tempo melhorarei. Estou cansada, vou para um bom colo.

A emoção procede em ondas, venço a primeira e enfrento com calma as demais, uma a uma, até sentir a terra firme, esforçando-me por manter o semblante sereno, o tom de voz moderado e o gestual contido. Sem exageros, sem gritos, sem pânico. Meu pensamento é: preciso seguir nessas passadas para superar as ondas e voltar para a terra firme, o colo. Quando consigo nadar entre as ondas da emoção, sou invencível!

O valor da gestão das emoções

Há apenas alguns anos, o ato de gerir emoções era importante para o ser humano individualmente. Era um ganho substancial para cada qual que dela se assenhoreava. Não mais nesses nossos tempos. A evolução alterou de tal modo a vida que uma vertente da filosofia empresarial

FORÇA INTERIOR: A ÚNICA FONTE DE REALIZAÇÃO POSSÍVEL

adotou a sistêmica que se propaga acelerada: é preciso conhecer e perfilhar a inteligência emocional e, com ela, a gestão das emoções, até para se manter em seu posto de trabalho. Tornou-se, desse modo, uma exigência empresarial. Uma habilidade impositiva.

A razão disso repousa no valor adicional de pessoas individualmente equilibradas, somando seus esforços em favor do desenvolvimento de um negócio, sendo evitados conflitos, rivalidades desnecessárias e indesejáveis desvios de finalidade que consomem paciência, energia e capital. Empregados emocionalmente maduros e empresarialmente atentos ensejam confiança e tranquilidade, essenciais à produtividade. Assim, habilidades comportamentais recebem sempre maior relevância depois da crise, pois são importantes para a evolução dos negócios em momentos de instabilidade.

São de Gil van Delft, presidente do Page Group no Brasil, as palavras a seguir: "A inteligência emocional gera um diferencial competitivo, já que favorece um ambiente com menos conflitos e mais racionalidade [...]. Esqueça de si! Pense corajosamente e acredite que todos os recursos de que necessita encontram-se em sua mente. Repousam em nosso consciente à espera de serem mobilizados".[46]

Considerando que ao longo dos capítulos trouxemos elementos importantes para uma autoanálise pessoal que servirá, inclusive, como uma bússola para melhorar seu desempenho, temos de forma muito clara a importância dos fatores internos positivos, representando a força, os valores, as qualidades, os talentos e as competências que podem alavancar suas ações.

Mesmo os fatores internos negativos, que mostram a fraqueza, a incapacidade, que interferem em nossas ações, podem também ser transformados em uma grande força. Consciente de seus pontos fortes e fracos superados, volte seu olhar para os fatores externos: ameaças/oportunidades que possam estar sendo sabotadas. De posse dessa visão,

---

[46] INTELIGÊNCIA emocional é a *soft skill* mais buscada por empregadores. **Folha Dirigida**, 9 nov. 2020. Disponível em: https://folhadirigida.com.br/mais/noticias/soft-skills/inteligencia-emocional-e-a-soft-skill-mais-buscada-por-empregadores. Acesso em: 13 abr. 2022.

GESTÃO DE EMOÇÕES

entenda o quanto pode realizar, com ações mais verdadeiras, mudanças que potencializem sua expectativa de vida. Volte para dentro de si e formate um cenário diferenciado. Desse modo minimizamos desafios, diminuímos as fraquezas e o efeito das ameaças.

ATIVIDADES

1. Muitas vezes sentimos medos exagerados que podem nos paralisar. O que traz essa sensação? Sente-se inseguro? Reflita e, em poucas palavras, descreva o que isso representa para você.

_____
_____
_____
_____
_____
_____

2. Entre suas ideias limitadoras, sente a presença de alguma que o leva a duvidar de si?

_____
_____
_____
_____
_____
_____

3. Você sente que pode estar deixando de fazer algo de que precisa para desenvolver seu emocional ou se considera satisfeito e realizado?

_____
_____
_____
_____
_____
_____

▶▶

4. Com base na ferramenta SWOT, estabeleça seus pontos fracos e fortes e analise como pode alterá-los para que se tornem alavancas para seu desenvolvimento. O ideal é fazer uma listagem com suas qualidades, com o que gosta e faz muito bem, seus valores; e, paralelamente, fazer uma listagem com seus pontos negativos. Analise, por exemplo, quais qualidades poderia utilizar para reverter e fortalecer alguma fraqueza. Assim, o passo a passo ajudará você a se tornar forte e determinado para vencer suas fraquezas.

PONTOS FORTES	PONTOS FRACOS

08
empreender-se em uma nova pessoa

A força de cada um de nós

O ser humano é a mola mestra para desenvolver um negócio. Por ser inteligente e inspirador, capaz de falar bem e influenciar pessoas, torna-se ele mesmo um diferencial competitivo.

Influenciar a maneira como as pessoas pensam é uma característica valiosa daqueles quem leem ótimos livros e assistem a bons filmes, pois ampliam seu repertório de ideias, entendem melhor o mundo, tornam-se pessoas mais atraentes e consistentes. Com essa potencialidade, gera-se um valor inestimável para os outros e para si! Diante da facilidade com que se adapta às circunstâncias, o indivíduo pode ser convidado a compor equipes de empresas que precisam ser revigoradas para evitar o colapso.

Independentemente da dificuldade que vive, crie uma oportunidade que o realize, que o surpreenda como pessoa e que lhe traga satisfação. Desfrute de atitudes conscientes, desenvolva seus valores, torne-se forte, capaz de realizar transformações e de derrubar obstáculos que se apresentem, com muita destreza, certeza e disposição. Inspiração e ação não hão de faltar. Envolva tudo com muita disposição! Faça um planejamento, procure uma orientação objetiva e acredite em você. A vida nos ensina a todo momento!

O empreendedorismo

Construir negócios que inspiram resulta na necessidade de desenvolver profissionais mais produtivos e criativos, que ajam em prol de todos e

EMPREENDER-SE EM UMA NOVA PESSOA

se realizem, fortalecendo seus empreendimentos. Quando impregnados dessas capacidades, tornam-se mais felizes e realizados.

Para empreender com novas ideias e usufruir de detalhes importantes para uma boa implementação, a decisão é primordial! Estabelecido o que pretende desenvolver, crie um checklist, ações que precisam ser realizadas para facilitar a sua rotina e organização pessoal para aumentar a produtividade do seu projeto sem desperdício de tempo. Uma estratégia bem estruturada leva a melhores resultados. O segredo é projetar, executar e concluir.

O empreendedorismo, tendência de mercado, é movimentado pela tecnologia, pela internet e por inúmeros *insights* que se apresentam. Podem ser estratégia de negócios, como um projeto a ser implementado ou uma alguma ação voltada para um movimento social, por exemplo. Quando se tem propósito, o passo seguinte é desenvolver o planejamento para dar sequência ao projeto e a melhor parte é: tudo começa de dentro para fora.

Diante de pesquisas já realizadas e de conhecimentos embasados em experiências positivas, os resultados são bastante animadores. Se a proposta é desenvolver, implementar, nada melhor do que conhecer para entender, decifrar e praticar técnicas que atraiam clientes em um crescente movimento, pois a qualidade do produto atrairá cada vez mais interessados. Trabalhar a partir de um método bem elaborado, capaz de produzir resultados repetíveis e previsíveis, resulta na compreensão do porquê realizamos para conquistar o efeito desejado. Essa é a diferença: a comunicação acontece de dentro para fora.

FORÇA INTERIOR: A ÚNICA FONTE DE REALIZAÇÃO POSSÍVEL

Com a globalização, o conhecimento é compartilhado, os serviços e produtos são disponibilizados na internet e, a partir de propostas criativas, com pequenos investimentos de dinheiro e tempo, impactam milhares de pessoas. Essa movimentação ajuda a construir o seu objetivo e gera recompensas imensuráveis.

Uma boa ideia

Já parou para pensar na possibilidade de desenvolver um plano de vida que possa funcionar com uma alternativa valiosa? O pensar é uma força que agiliza a busca por novas ideias, tanto para inovar quanto para criar e expandir um negócio. O empreendedorismo é uma grande oportunidade para experimentar essa mudança, uma revolução de negócios, na qual as pessoas assumem seus posicionamentos com responsabilidade e foco para tornarem-se protagonistas.

O movimento é facilitado pela internet, que abre as portas a todas as pessoas que pretendam inovar. A internet permite a possibilidade de reproduzir algo como se fosse uma rua cheia de consumidores doidos por comprar algo importante para si. No entanto, o maior desafio está em atrair os clientes em potencial para movimentar os negócios e gerar vendas. Para que tudo funcione, realmente é necessário aprender a viver no digital, que está ao alcance de qualquer um que tenha vontade, dedicação e foco.

Criar um negócio sólido, com bom planejamento e que permita rentabilidade é tão importante quanto escolher algo que faça sentido para você; caso contrário, não compensa. Sabemos que todo início, em qualquer atividade, é trabalhoso e, por isso, precisa de força de vontade. Se escolher algo que não o estimule, você acaba deixando isso de lado, certo?

Se colocarmos na balança a importância do convívio com os familiares e a realização dos sonhos, estamos agregando um propósito maior para seguir em frente. Viver e fortalecer em família estabelece laços únicos que estimulam a união de todos. Reflita o quanto é valioso acompanhar o crescimento de um filho, de estar sempre próximo, orientando na construção da sua personalidade, do seu caráter. Crie um laço forte, de confiança! Se você tem uma ideia nesse sentido, talvez deva pensar em algo que possibilite o trabalho remoto.

Aprender e estruturar um negócio on-line permite ao homem mais liberdade de tempo, de espaço e de capital – principalmente se fizer algo de que goste e em que acredite. A motivação que sente ao viver essa experiência o estimula cada vez mais a imprimir novas técnicas e aprendizados, abrindo outras frentes para o negócio e acelerando o crescimento.

Pensar e trabalhar com propósito e confiança em si promove decisões que podem mudar a realidade. Quando pessoas que têm a mesma mentalidade e objetivo se reúnem, elas são capazes de criar ideias inovadoras. A superação de obstáculos e adversidades é essencial para a mudança de mentalidade.

Buscando acertar

Já dizia Simon Sinek, em seu livro *Comece pelo porquê*,[47] tudo começa pela clareza. É preciso saber POR QUE você faz O QUE faz. E, dentro dessa ideia, citamos a importância do propósito e do método, que trazem de maneira clara o passo a passo para evoluir e dar sequência ao proposto.

Voltados para a compreensão do como fazemos, da necessidade da disciplina e da responsabilidade para implementar o projeto, dependemos da eficácia de nossos valores. Tudo isso diz respeito ao ser humano que está voltado para dentro de si e acredita em seu potencial, podendo acrescentar outras tantas informações, ou não. É aí que voltamos o olhar para o crescimento e o desenvolvimento da internet, responsável por veicular informações de maneira globalizada. São disponibilizadas em diferentes formatos, desde dispositivos e cursos até orientações práticas. Esse mix facilita a execução e a divulgação do trabalho.

---

[47] SINEK, S. **Comece pelo porquê**: como grandes líderes inspiram pessoas e equipes a agir. Rio de Janeiro: Sextante, 2018.

FORÇA INTERIOR: A ÚNICA FONTE DE REALIZAÇÃO POSSÍVEL

Empreender de maneira independente com dados atualizados e promissores é animador tanto para o profissional quanto para a empresa. Quando interessados em desenvolver um negócio no mundo on-line, devemos buscar a atualização, a preparação e a adaptação para construir um cenário atraente capaz de conquistar clientes. O empreendedor influenciador desafia-se, agilizando seu crescimento com dinamismo e inovação, sempre voltado às novas possibilidades.

Independentemente do ambiente escolhido para desenvolver suas estratégias, físico ou digital, gere soluções criativas para motivar novos clientes a adquirir suas ideias. Basta adaptar-se, observar e analisar a movimentação, os interesses, as conexões, para, posteriormente, condicionar suas habilidades, assimilar e acrescentar ao aprendizado.

As pesquisas realizadas que mostram a evolução dos processos permitem a visualização de diferentes possibilidades. A evolução chega, as mudanças acontecem, mas nem todos conseguem acompanhar, simplesmente pela falta de conhecimento, entendimento, foco, vontade de crescer, determinação. Todas essas competências deveriam estar presentes no dia a dia para facilitar o processo de crescimento. Situações como essa podem ser superadas. Tudo depende da disponibilidade e disposição de cada um para decidir vencer sua limitação.

Necessidade de compromisso e responsabilidade

Consideremos que compromisso e responsabilidade são como dois remos movimentados para impulsionar de maneira equilibrada, dando estabilidade ao movimento. Eles são necessários quando precisamos implementar ou empreender sonhos, negócios, ou mesmo para gerar harmonia na conduta familiar. Eles são compromissos.

Falar em compromisso é falar de acordos acertados entre pessoas ou grupos, entre propostas e pensamentos que marcam presença em nossa mente. Quando não os levamos a sério, boicotamo-nos, criamos obstáculos para confiança que deveria existir, mas ficou perdida em meio

EMPREENDER-SE EM UMA NOVA PESSOA

a outras falhas. Devemos assumir o compromisso conosco e com aqueles à nossa volta para empreender, partilhar conhecimentos, respeitando as individualidades para evitar dúvidas e hesitações.

A responsabilidade é outro remo que dá suporte às realizações e propostas, requisito básico na vida de todos nós, pois nos leva a responder sobre as ações praticadas e respectivos resultados que elas causaram. Com ela assumimos posicionamentos, erros e acertos. Quando conscientes, aprendemos a assumir nossas falhas e, consequentemente, o crescimento e a potencialidade tendem a aumentar.

O compromisso e a responsabilidade fazem a diferença em nossa vida, representando uma integridade que valoriza o homem na disponibilidade para se conectar com pessoas, ajudando-as em sua evolução. Aliado a essa atitude, é fundamental saber administrar e organizar o tempo, para executar as tarefas dentro do prazo estabelecido. Quando uma equipe envolta em um mesmo objetivo se propõe a produzir, acrescentando agilidade, cria-se uma relação de confiança entre os envolvidos.

Dentro de todo o processo, é essencial aprender a gerir as emoções e nos colocar em situações diversas para perceber a sensação por perspectivas diferentes. Essa percepção demonstra maturidade e seriedade. É necessária para fortalecer os laços no relacionamento com os clientes, transmitindo confiança e permitindo o crescimento de estratégias e negócios.

É a responsabilidade uma das maiores qualidades humanas e, no mundo corporativo, ela se torna indispensável para todo empreendedor. Pessoas responsáveis, mesmo diante das dificuldades que possam ter, não deixam tarefas sem respostas só porque são difíceis; empenham-se para cumprir o que lhes foi confiado. Os desafios são motivos que se apresentam para que possamos alavancar com objetividade e superá-los da melhor maneira possível!

Quando fortalecemos a mente e o espírito empreendedor, o resultado chega e será proporcional à sua investida. Encontre motivação e dê o seu melhor!

FORÇA INTERIOR: A ÚNICA FONTE DE REALIZAÇÃO POSSÍVEL

Desenvolver e condicionar habilidades

Uma pesquisa realizada pela empresa de consultoria PwC[48] apontou que, de cerca de 1.200 líderes e RH de empresas, 87% dos entrevistados consideram o desenvolvimento de habilidades humanas uma das principais estratégias para preparar as empresas para o futuro.

Se a pretensão é ser uma nova pessoa, torna-se indispensável uma nova performance, viável a partir de mudanças conscientes. Ao perceber que existe algo que o bloqueia, que limita seu comportamento, é necessário avaliar e encontrar uma maneira de eliminar isso com o objetivo de ser mais assertivo. Quando identificar que fez a escolha correta, comece a praticar constantemente esse novo comportamento, condicionando-o até que se torne fortalecido e incorporado à sua rotina. Aos poucos, a agilidade nas tarefas será notada e os resultados serão excelentes.

Trata-se de uma dinâmica disponível a todas as pessoas, mas o que notamos é que muitas delas não têm interesse, parecem desmotivadas em seguir orientações. Para enfrentar a desmotivação, é preciso despertar nessas pessoas a curiosidade ou o interesse para enxergar o projeto por outro ângulo, considerando a possibilidade de desenvolvimento.

Não existe o impossível! Só é necessário encontrar um estímulo que o surpreenda. Esse estímulo é um chamariz pelo qual percebemos que existe outra opção, uma maneira nova de resolver a questão. É importante mudar a forma de pensar e comprometer-se com seu objetivo. Caso contrário, o resultado pode ser desastroso e você pode se sentir frustrado.

Não basta o entusiasmo para criar uma empresa, pois isso não impede de acabar abandonando a sua pretensão. Normalmente a empresa é um reflexo das características do dono. Por exemplo, se ele é

---

[48] Prepare-se hoje para a força de trabalho do futuro: principais resultados da pesquisa global com líderes de RH e negócios. **PWC**. Disponível em: https://www.pwc.com.br/pt/estudos/servicos/consultoria-negocios/2019/prepare-se-forca-trabalho-futuro-19.pdf. Acesso em: 14 abr. 2022.

EMPREENDER-SE EM UMA NOVA PESSOA

desorganizado, também ela será desorganizada. Se ele não tem o conhecimento necessário, o desempenho será baixo. Se pretende empreender em uma pequena empresa, desenvolva habilidades compatíveis, como criatividade, humildade, buscar por aprendizado constante, força de vontade e conhecimentos específicos que o tornem capaz de executar objetivamente suas pretensões.

Desenvolver habilidades leva tempo. É preciso treinar e praticar até sentir-se capaz. De posse do conhecimento, das habilidades desenvolvidas e das atitudes que representam a concretização do contexto, acredite em você e siga adiante! As habilidades são verdadeiras ferramentas que nos permitem evoluir.

Uma pesquisa[49] realizada em 2015 pela Global Entrepreneurship Monitor (GEM) em parceria com o Sebrae revelou que quase 40% dos brasileiros adultos são donos do próprio negócio ou estão ligados à criação de uma empresa. Empreender é característica do povo brasileiro!

A confiança necessária para empreender está ligada ao conhecimento que precisa ser aprendido; para isso, precisa-se de consciência das condições existentes. O comprometimento com a estrutura que deve ser estabelecida envolve muito mais do que um simples sonho de ser empresário, porque necessita de suporte técnico, de habilidades específicas diante das tarefas e do convívio com a equipe de trabalho. Muitas vezes você até sabe preparar seu produto, mas só isso não basta. Precisa administrar de maneira a ter no empreendimento uma fonte de renda e não um emprego. É um circuito mais complexo do que se imagina, que engloba o empreendedor, o administrador e o técnico, um potencial para inúmeros conflitos.

Trabalhar duro, abrir-se para as novidades e ignorar pessoas que não acreditam em você são ações que ajudam a conquistar o seu sucesso. Você tem a oportunidade de conquistar muitas coisas através das possibilidades que os tempos atuais criaram.

---

[49] ROCHA, E. 10 habilidades empreendedoras essenciais para ter sucesso. **Ignição Digital**, 2 set. 2018. Disponível em: https://www.ignicaodigital.com.br/10-habilidades-empreendedoras-essenciais-para-ter-sucesso/#:~:text=Uma%20pesquisa%20realizada%20em%202015,%C3%A9%20caracter%C3%ADstica%20do%20povo%20brasileiro. Acesso em: 14 abr. 2022.

Não existe o impossível! Só é necessário encontrar um estímulo que o surpreenda.

Por que mapear as competências?

Porque favorece as empresas a maximizar o desempenho de sua força de trabalho, que pode ser utilizada para avaliar e identificar os conhecimentos, as habilidades e as aptidões necessárias para conquistar um melhor nível de eficiência e sucesso na busca por objetivos.

O mapeamento é realizado através do autoconhecimento, diante das exigências do mercado de trabalho. A maneira como os profissionais se comportam diante de suas atribuições é o que faz com que se tornem recurso indispensável para as estratégias do negócio. Por isso, as competências comportamentais devem estar alinhadas com as metas da empresa e com as demais demandas do mercado de trabalho.

As competências giram em torno da transformação digital e da importância de se trabalhar com equipes ágeis. Entre elas: competências digitais, pensamento ágil, criatividade, inovação, adaptabilidade e flexibilidade.

Roda da Vida

Como em tudo na vida, é extremamente importante termos conhecimento de nossos comportamentos e de nossas capacidades para nos orientarmos em ser ou fazer algo de valor. Uma ferramenta amplamente conhecida, a Roda da Vida, traz um método baseado em reflexão sobre as áreas fundamentais de nossa experiência diária, e é utilizada para analisar o desempenho em cada uma delas, estabelecendo notas entre 1 e 10. Funciona seguindo três etapas:

- Etapa 1: **configurar e avaliar**. Crie um gráfico circular dividido em dez partes – as dez áreas principais da sua vida (vide exemplo no fim do capítulo). Cada área deve ser avaliada de 1 a 10, de acordo com o que você pensa sobre isso no momento. Você deve ser honesto, porém certifique-se de

avaliar de acordo com seus próprios sentimentos, não com as expectativas da sociedade! Pinte as seções de cada área de acordo com quantos pontos você deu a ela.
- Etapa 2: **escreva seus objetivos**. Quando terminar, pense no que faria você se sentir como se cada uma das áreas estivesse no nível 10. Esses são seus objetivos, então considere isso e planeje seu desenvolvimento futuro com base nesse conhecimento. Este exercício é uma avaliação única, o que significa que você não faz mais nada com a escala. Você apenas descobre quais são seus próximos passos e pronto.
- Etapa 3: **repita**. O que você pode fazer é repetir esse exercício de vez em quando. Eu pessoalmente faço isso duas vezes por ano, no começo de janeiro e de julho, mas sinta-se à vontade para fazê-lo quantas vezes for necessário, pois trata-se de uma ótima maneira de avaliar sua vida e voltar ao caminho certo quando se sentir um pouco perdido.

O conceito original, conforme sugerido por Hal Elrod,[50] possui dez áreas diferentes. São elas: saúde física, emocional, espiritual, intelectual, profissional, financeira, lazer, relacionamentos familiar, íntimo e social. Basicamente, elas abrangem tudo o que é importante e influente em nossa vida para o nosso desenvolvimento pessoal e, juntas, criam uma imagem completa e detalhada de nossa situação atual. Mas como melhorar cada uma dessas áreas?

DESENVOLVIMENTO PESSOAL

Segundo o autor, o caminho para o sucesso começa com o desenvolvimento pessoal. O primeiro passo em direção aos seus objetivos é transformar. Para realmente se tornar a pessoa de que precisa, você deve obter o sucesso que deseja em sua vida. Os objetivos que você está

---

[50] ABOUT HAL. **Hal Elrod International**. Disponível em: http://halelrod.com/about-hal/. Acesso em: 14 abr. 2022.

definindo aqui são etapas importantes para que se torne uma versão melhor de si mesmo.

Pense no que o impede de alcançar o sucesso desejado e adicione o que precisa mudar para se livrar disso. Pense nas maneiras pelas quais você pode enriquecer sua mente, nos hábitos que deve incluir para se moldar à pessoa melhor que sempre quis ser. Alguns objetivos possíveis podem ser:

- Ler quinze minutos diariamente;
- Aprender uma nova habilidade;
- Começar a manter um diário com pensamentos e ideias;
- Participar de uma palestra ou evento;
- Ouvir podcasts em vez de música no caminho para o trabalho;
- Exercitar sua espiritualidade.

FINANÇAS

Todos nós queremos prosperidade financeira e independência, mas o que isso significa para você? O que impede você de ter suas finanças a nível 10? Você quer economizar mais, ou ganhar mais, ou acabar com as suas dívidas? Existem muitos fatores em jogo; portanto, comece a pensar qual é a questão mais crucial para você agora. Alguns exemplos de objetivos financeiros são:

- Economizar 10% da sua renda total;
- Pagar a fatura do cartão de crédito sempre em dia;
- Buscar renda extra para aumentar a sua renda em pelo menos 10%;
- Desenvolver um sistema de gerenciamento de dinheiro que funcione para você (seja por aplicativo ou com um *planner* financeiro).

A Roda da Vida é uma ferramenta que nos leva a refletir, relacionar e avaliar diferentes aspectos de nossa vida, dando a possibilidade de

FORÇA INTERIOR: A ÚNICA FONTE DE REALIZAÇÃO POSSÍVEL

reconstruir uma vida mais equilibrada e plena de sentido e satisfação.[51] Ajuda-nos a organizar e priorizar os aspectos que desejamos focar para implementar e expandir nossa vivência, além de direcionar a nossa energia e atenção para o que pretendemos realmente. Como em tudo na nossa a vida, é importante traçar os objetivos para dar sequência ao movimento de maneira mais prática.

Com a capacidade de auto-observação, procure determinar quais aspectos deve focar no momento da sua busca. Considerando que o equilíbrio facilita o crescimento, procure refletir, antes de iniciar a roda da sua vida, o que é importante para você agora. De acordo com sua resposta, estabeleça e priorize os elementos necessários para decidir como ocupará seu tempo, como disponibilizará esforços e energia para conquistar seus objetivos.

Quando a necessidade básica for pessoal, avalie saúde, alimentação, atividade física, descanso, equilíbrio emocional, valores, espiritualidade. Se o foco está relacionado à educação, priorize os estudos, os cursos de formação ou aperfeiçoamento, de idiomas. Se o objetivo está nos relacionamentos, volte seu olhar para família, amigos, relação amorosa, colegas, comunidade. Quando a profissão se destacar, reveja sua formação, carreira, mudança de emprego, negócios.

Manter-se compenetrado, concentrado em seu crescimento, é fundamental para a evolução; a sua auto-observação e o autoconhecimento dão abertura para a reflexão e meditação para avaliar e ter a certeza do que precisa priorizar para restaurar o equilíbrio. Quando o foco é excessivo em determinado aspecto em detrimento dos outros, traz desequilíbrio, causando sensações desagradáveis, como frustrações e estresse. Por exemplo: quando uma pessoa decide participar de um concurso, é necessário que se esforce e tenha concentração nos estudos. Mas, além dos estudos, precisa acrescentar na rotina atividades físicas, alimentação saudável e adequada, descanso e até mesmo lazer para relaxar e

---

[51] RODA da Vida: a ferramenta de autoconhecimento que serve para a carreira e vida pessoal. **Na Prática**, 15 jan. 2021. Disponível em: https://www.napratica.org.br/roda-da-vida/. Acesso em: 28 mar. 2022.

descontrair. Se o objetivo é ser bem-sucedido, é importante lembrar que somos um complexo e nenhum aspecto deve ficar em segundo plano. Conforme vimos anteriormente, se não valorizamos os demais aspectos, construímos um desequilíbrio. Para ter sucesso é preciso ser feliz, e para isso é necessário manter o equilíbrio entre todos os aspectos da vida.

Essa tarefa precisa ser realizada com lápis e papel para termos em mãos as nossas pretensões e podermos reavaliá-las caso necessário. Isso ajuda a ganhar tempo, a elaborar e relembrar os objetivos que nem sempre estão ao nosso alcance. Assim não perdemos o foco.

Registre todos os aspectos que considera importantes na sua vida e que precisam ser desenvolvidos; estabeleça um prazo para suas conquistas. Mais adiante, avalie o grau de satisfação nos aspectos que estabeleceu como prioridade. Mantenha-se atento ao seu registro para estabelecer novas ações, caso necessite. Acompanhar o progresso da sua Roda da Vida é o que a torna eficiente.

ATIVIDADES

Procure responder a estas questões:

1. O que faz para cumprir objetivos nos diferentes aspectos de sua vida?
_____
_____
_____

2. Está deixando de fazer algo que seja necessário? Por quê? Duvida da sua capacidade?
_____
_____
_____
_____

3. Quais habilidades acredita ter para empreender algo que seja importante para você?
_____
_____
_____
_____

4. Percebe o que limita suas possibilidades de crescimento? O que pode fazer para libertar-se desses bloqueios?
_____
_____
_____
_____

5. Para ajudá-lo a desbloquear suas atitudes e orientar melhor seus objetivos, reflita e preencha conscientemente a Roda da Vida.

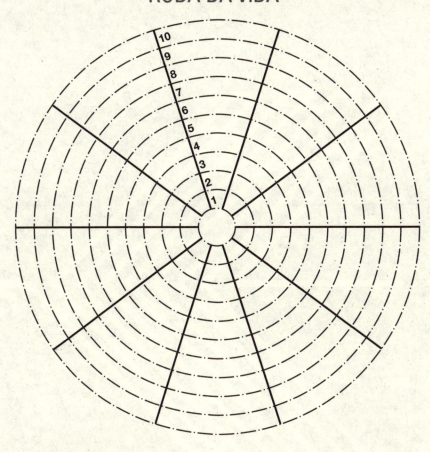

RODA DA VIDA

- ☐ **EMOCIONAL**
- ☐ **ESPIRITUAL**
- ☐ **INTELECTUAL**
- ☐ **SITUAÇÃO PROFISSIONAL**
- ☐ **SITUAÇÃO FINANCEIRA**
- ☐ **LAZER E DIVERSÃO**
- ☐ **RELACIONAMENTO FAMILIAR**
- ☐ **RELACIONAMENTO SOCIAL**
- ☐ **RELACIONAMENTO ÍNTIMO**
- ☐ **SAÚDE FÍSICA**

O QUE FAZER PARA TER EQUILÍBRIO

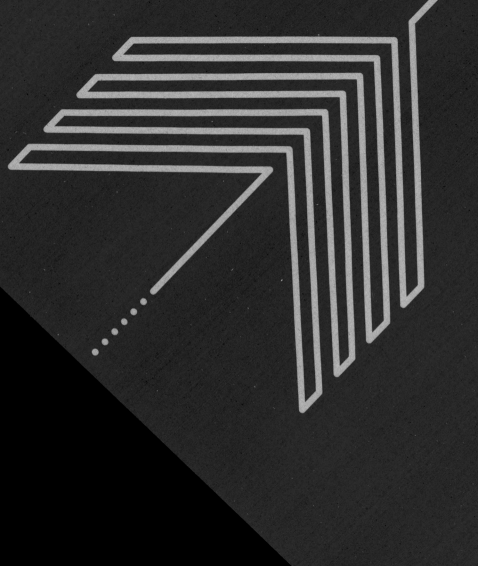

09

a auto-confiança começa agora

A aventura humana

Todos nós intuímos que somos mais que uma resultante biológica natural, fruto do ajuste fortuito entre um óvulo e um espermatozoide, gerada na fecundação, seguida do surgimento de um embrião, tornado feto, mais adiante trazido à luz como um novo ser humano.

Anteriormente, vimos que na concepção realizou-se um contato com uma energia maior que ensejou um mecanismo muito especial, o cérebro, espécie de elemento material da alma ou psique.

Nesse terreno, a filosofia clássica distingue os conceitos de alma e espírito. A primeira significa componente da vida material, o segundo exprime a essencial conectividade com o "sopro de vida". O espírito é força impessoal e indispensável, mas sem destinação para pensar ou sentir, certo de que, sem ela, dá-se a morte cerebral e o corpo se torna inativo, sem vida. Não por outra razão, Pierre Teilhard Chardin, filósofo, cientista e sacerdote francês, teria feito menção a que "não somos seres humanos passando por uma experiência espiritual, mas seres espirituais, vivendo uma experiência humana".[52]

Cada um de nós é uma maravilha especial, criado à imagem e semelhança desse Espírito, ser supremo, denominado Deus, um sublime e insondável mistério que escapa em sua inteireza à absorção

---

[52] HOFFMEISTER, J. G. Somos seres espirituais vivendo uma experiência humana. **Diário SM**, 2 out. 2019. Disponível em: https://diariosm.com.br/colunistas/colunistas-do-impresso/somos-seres-espirituais-vivendo-uma-experi%C3%AAncia-humana-1.2170562. Acesso em: 28 mar. 2022.

e compreensão humana. Contudo, não há dúvida: ao cessar a atividade cerebral, cessa a vida como nos é dada a conhecer e volta-se ao pó.

Hipócrates, o pai da medicina, discernia que "de nenhum outro lugar, senão do cérebro, vêm as alegrias, as delícias, os risos e as diversões, as tristezas, os desânimos, os desalentos e as lamentações; e pelo mesmo órgão tornamo-nos loucos e delirantes, os medos e terrores nos assolam. Todas essas coisas provêm do cérebro quando não está sadio".[53]

Nessa perspectiva, pode-se até chegar a acreditar que, encarnando uma sedutora e complexa realidade, estejamos sós no mundo e que tudo dependa de nossa capacidade. Assim, se fraquejarmos, nossa vida desabará, o que nos trará ansiedade, medo, dúvidas e desespero. Por outro lado, se as coisas derem certo, ficaremos orgulhosos de nossas conquistas, e assim enalteceremos o orgulho em nós. Entretanto, se soltarmos as rédeas, esse orgulho nos consumirá, podendo nos tornar um daqueles tipos socialmente intragáveis, enfatuados, afogados na própria arrogância, fruto do sucesso a qualquer preço.

Poderemos, ainda, crer que aquela energia que nos conecta é mesmo **o Espírito**, quem nos ligou à vida e está sempre conosco, mesmo que acabemos por dele nos afastar. Ele conhece todos os fatos, contudo possui razões diferentes das nossas, além de uma impenetrável amplitude em todos os sentidos, sendo confiável o bastante para guiar

---

[53] FRANCES, A. **Voltando ao normal**: como o excesso de diagnósticos e a medicalização da vida estão acabando com a nossa sanidade e o que pode ser feito para retomarmos o controle. Rio de Janeiro: Versal Editores, 2016.

nossa existência. Como nos gerou, n'Ele sentimos pulsar confiança, aceitação, verdade, esperança e serenidade, além de gratidão por tudo que nos tenha propiciado. Fica aí a ideia do que seja a expressão "criados à sua imagem e semelhança": nada físico, mas espiritual, fruto da mesma corrente de energia, comunicada na concepção.

Introdução ao conceito de autoconfiança

Sua definição encontra-se na linha de um sentimento estabelecido a partir do desenvolvimento de habilidades, qualidades e discernimento contributivos para o sucesso na vida pessoal e profissional de alguém. Isso leva a pessoa a crer na própria potencialidade, capacitando-a com disposição para tentar coisas novas e enfrentar, sem temores, os desafios da existência. Aplacando os medos, melhor se confrontará com as situações inusitadas, mantendo apenas a referência para cautelas necessárias.

A pessoa assim dotada não mais se fixa em reflexões como "não me sinto à altura de cumprir essa missão". Sabe que se der 100% de sua capacidade, direcionando energias positivas aos seus esforços, atingirá o desempenho necessário. Inclusive, ressalve-se que os que são confiantes desfrutam de autoestima o bastante para obter êxitos em mais de uma frente.

Para quem almeja ser autoconfiante, é bom saber que esse predicado não é genético e, por isso, pode e deve ser adquirido. Provém de nosso mundo interior ou "reino mental", passa por nossa vontade, precisando tão só ser desejado, treinado e praticado contínua e persistentemente, até ser assumido como atitude pessoal perante a vida.

Alguém assim motivado, por exemplo, raramente se ligará a um sentimento "menor", como inveja ou ciúme. Ao se comparar com os outros, a pessoa buscará somar o que tem de bom e positivo. Apenas isso. Deixam de ser elementos fundamentais e alvo de inquietações a projeção pessoal, social ou financeira, as ânsias de poder ou proveito mesquinho. Ao contrário, ela procurará meios e formas de dar a mão aos que precisam, estimular a ascensão dos outros e servir em lugar de ser servido. Enfim, adquiriu a alta consciência determinante que a vida não precisa ser uma corrida, pois cada qual tem o próprio ritmo e caminho.

Um dos obstáculos que muitos de nós precisam enfrentar e vencer na procura da autoconfiança é a autocensura, por vezes, massacrante. A coisa a fazer é mais simples. Errou? Arrependa-se, corrija-se. Esqueça. Fixe-se no amanhã e, nele, faça o certo. Reflita: censurar a si mesmo não resolve nada, como toda forma de autopunição. Evite-a a todo custo e não se esqueça de que somos todos imperfeitos. Não semeie dúvidas em si mesmo, mas enfrente-as e supere-as.

Habitue-se a desafiar situações, desde que não se exponha a riscos desnecessários. O enfrentamento desenvolve o potencial e aumenta a confiança em si mesmo. É preciso, sempre que possível, inibir preocupações e pensamentos negativos. Diante da realidade apenas insinuada (fatos que ainda não aconteceram), não há por que esperar o pior. Isso seria assumir que a sequência dos acontecimentos só depende de nós... Pura sandice! Vamos ao contraponto. Pensemos sempre o melhor, o mais favorável, a solução mais promissora. Seja otimista e positivo. Até diante da realidade substanciada e negativa, busque cooperar para contrapor-lhe positividade. Esforce-se por tornar isso não apenas um pensamento, mas um ato de vontade e, sobretudo, uma atitude pessoal.

Não se pode esquecer, ainda e sempre, de que o zelo com a vida interior inclui o zelo com uma saudável atividade física e alimentação adequada. No decorrer do dia, jamais se alie à preguiça. Tenha martelado em sua cabeça o ditado precioso: "Não deixe para amanhã o que pode fazer hoje". Trabalhe menos se for o caso e pense mais, mas não deixe de trabalhar, pois no labor diário que desenvolvemos a autoconfiança – e ela é, como já se viu, a verdadeira blindagem para as adversidades.

A autoconfiança como rotina mental

Entre as peculiaridades apresentadas pela mente, encontra-se o comodismo de seguir uma rotina mental em caminhos conhecidos, sem cogitar

FORÇA INTERIOR: A ÚNICA FONTE DE REALIZAÇÃO POSSÍVEL

qualquer inovação. Claro que, cada vez que por eles passamos, mais fácil parecerá. A não ser que nossa vontade disponha de outro modo, a mente seguirá automaticamente pela trilha conhecida de maneira instintiva. Tal tendência é o que conhecemos como hábito. Pode ser, simultaneamente, a maior benção e a maior fonte de desespero. Sendo os hábitos salutares, devidamente cultivados prestam-se a inclinar o caráter na justa e boa direção; todavia, se são hábitos obscuros, chegam a desgastar a tal ponto o caráter que são capazes de projetar o homem na lama moral.

Cuidando da formação da autoconfiança sobressai em importância uma adequada rotina mental apta a ensejar consistência positiva ao seu teor. A psicologia destaca que hábitos há muito tempo adotados convertem-se em uma "segunda natureza", ganhando automatismo e enraizando-se tão profundamente no subconsciente que passam a exigir maiores esforços para serem desalojados. Contudo é sabido que o subconsciente aceita ser reeducado, até mesmo ao ponto de neutralizar e eliminar os hábitos indesejados, simplesmente pelo cultivo de novos costumes mediante uma vontade decidida.

Se considerarmos indesejável todo hábito que afete a autoconfiança, certamente pela relevância que ela tem, precisaremos nos dedicar a contrapor, perseverantemente, um comportamento avesso ao indesejável. Não basta apenas o desejo; a ele se há de aderir toda uma reeducação. A constância dessa atividade pode ser maior do que parece, vez que todas as ações, ideias ou atividades mentais tendem a ultrapassar o plano voluntário para alcançar o involuntário, no subconsciente. Para isso, nossa estratégia deverá fixar-se na neutralização das impressões causadas pelo ato indesejado através do ingresso de novas. Combate-se, assim, o negativo pela introdução do positivo em uma prática constante, ou, em outros termos, formando nova rotina mental e por ela caminhando com frequência.

Paulo de Tarso, sentindo em si a necessidade de uma profunda e difícil mudança, desabafava: "Vejo outra lei em meus membros, em luta contra a lei de minha mente. Não posso fazer o bem que quero, e faço em

A AUTOCONFIANÇA COMEÇA AGORA

troca o mal que não quero fazer. A vontade está presente comigo, porém como executar o que é bom, é o que eu não sei." (Rom. 7,14).

Apresento a você, a seguir, uma espécie de passo a passo facilitador para essa empreitada:

1. Imagine-se atuando, em situação hipotética, com autoconfiança, absoluta segurança, desprovido de hesitação, esbanjando controle e concentrando seus esforços em uma solução satisfatória. Faça um recorte mental de sua atuação e guarde-o na memória, não o deixe escapar.

2. Com base no que imaginou, traga para a realidade as características e reações desejadas. No dia a dia, passe a ostentar um olhar limpo e firme, com feição, movimentos e postura mais soltos, relaxados, comportando-se como deseja ser. Pratique isso incansavelmente até que seu subconsciente incorpore esses pontos ao seu "jeito" de ser.

3. Persevere. Palmilhe a nova rota mental todos os dias mostrando serenidade, solidez e fidelidade. Tenha por certo que, assim como a expressão externa induz o sentimento interno, do mesmo modo o sentimento interno induz a ação externa.

Sem dúvida, claro que estamos em uma verdadeira batalha para a substituição da insegurança e pela implantação da autoconfiança, em que tudo que contrarie o objetivo deve ser varrido com aguda determinação. Não podemos ser indulgentes com os hábitos em fase de superação. Será necessário recrutar toda energia e cuidado! Zele por seu amor-próprio e por sua autoestima. É você quem melhor deve cuidar de si ao buscar a autoconfiança. Os antigos hábitos resistirão à superação. Não tenha qualquer condescendência, pois eles não servem para você. Não esmoreça, você não pode nem deve ser prisioneiro. Você está liberto!

FORÇA INTERIOR: A ÚNICA FONTE DE REALIZAÇÃO POSSÍVEL

Como o homem é no seu coração, assim ele é

Esse intertítulo é adaptado de Provérbios 23,7 – e o que pretendemos veicular é um tema bem conhecido. Tornou-se verdade estabelecida que o caráter, a personalidade, as tendências e as inclinações do ser humano, de algum modo, dependem de seus pensamentos – e tal fenômeno repousa em base científica, resultado de estudos que serviram como base para o raciocínio. A esse aspecto adere a constatação de que o homem é, em muito, fruto daquilo que sente.

O pensamento, grande parte das vezes, não ostenta conteúdo formativo. São as escolhas do ser humano, quando este se interessa por alguma coisa, que lhe traz o desejo de posse. Será alguma emoção ou sentimento, em íntima relação com o subconsciente, que se prestará a modelar o caráter de acordo com seus conteúdos. Ao pensar, soma-se o sentir. Os ideais humanos são dependentes dos gostos, aversões, sensações e emoções. Tanto assim é que se tivéssemos alguma forte emoção e ulteriormente tratássemos de abstrair nossa consciência de todos os sintomas corporais dos sentimentos, constataríamos que nada teria sido abandonado. Conclusão: pode até ter havido um pensamento prévio, mas na verdade é como deu-se a percepção de sentir. Assim é, realmente, o ser humano.

Outro aspecto de relevo está em que o homem segue a linha de seu maior interesse. Eis porque será preciso manter-se seletivo, cultivando interesses sem egoísmo. Pela concentração e pela atenção, o interesse pode ser dirigido ou detido sobre certas coisas e distanciado de outras. Dessa maneira, concentrar-se no oposto será a regra sempre que alguém pretender restringir, anular ou destruir uma condição mental em si próprio. É assim que nos livraremos do comportamento inseguro e temeroso para deslanchar definitivamente na autoconfiança.

A imaginação conspira a favor da autoconfiança

Perdoem-me os práticos, realistas e plenos de objetividade ou, como é costume dizer, "os que têm os pés fincados no chão", mas gastar um tempo com a imaginação pode ser de extraordinária valia – e não me refiro ao devaneio ou ao sonhar acordado. Encaro essa faculdade em sua prestabilidade criativa, construtivista. Essa será, por assim dizer, a faceta altamente positiva da imaginação, traçando as linhas primeiras de um desenho futuro. O delineado de uma benéfica manifestação a ser concretizado pela humana e laboriosa vontade.

Assim, fixa-se a proposta para a conquista segura e firme da autoconfiança, servindo-nos da imaginação. Para isso, vamos seguir sete etapas que nos propiciarão alcançar esse propósito.

1. Vamos, inicialmente, selecionar lembranças de momentos em que agimos autoconfiantes. Tornemos tais memórias imagens vívidas, claras, atraentes. Se acaso nada lhe ocorrer nesse sentido, reflita sobre aquela ocasião em que seria possível você atuar com autoconfiança e, nessa ficção construída, impregne-a de vida e fixe nela sua melhor atenção.

2. Em seguida, procure cultivar o costume de usar a imaginação no planejamento de uma atividade necessária. Crie estratégias ou planos de ação, promovendo adequações, alterações que se mostrem necessárias para melhorar o grau de eficácia. Observe que deu início à materialização daquilo em que detém seu pensamento e sua imaginação.

3. Depois, procure comprovar a consistência dada à imaginação. Evite, com rigidez, a "vadiagem" do pensamento, mantendo-o flexível e centrado em alguma finalidade útil. Caso não se apresente uma ideia, agradeça o dom da vida, o que será sempre válido e verdadeiro! Não se iluda, você já está encaminhando sementes positivas para ideias futuras.

FORÇA INTERIOR: A ÚNICA FONTE DE REALIZAÇÃO POSSÍVEL

4. De ordinário, a criação/construção da imagem não nasce pronta, acabada, pulsante. Merecerá certamente alterações, revisões e retoques até alcançar o ponto desejado. Trabalhe isso com ardor e boa vontade para que, quando ela estiver acabada, você possa mantê-la assim. Pronta e apta a surtir os efeitos pretendidos.

5. Prepare-se, porque de início pode ser confuso, suscetível que é a invasão de outras ideias e imagens. Seja calmo e criterioso. Se julgar que o primeiro objetivo está satisfatório, ignore os demais. Esmere-se para que a imagem se fixe em sua mente, abrindo-lhe acesso constante até que alcance a agregação. Mantenha-a assim.

6. Contemple o fruto de sua semeadura, a grande obra para sua vida. Estabeleça quadros mentais que testemunhem você atuando com autoconfiança, em consonância com o seu desejo. Você pode se acha que pode!

7. Como destaque trago aqui um exemplo que muito motivou e continua incentivando várias pessoas. Trata-se do palestrante Marcos Rossi, escritor do livro *O que é impossível para você?*,[54] que traz uma mensagem de motivação, de entusiasmo e positividade inigualável e surpreendente. Nascido sem os membros superiores e inferiores, poderia ter se tornado vítima da situação. Mas seguindo o lema "Sucesso é fazer o que gosta, ser recompensado por isso e entrar em um estado de graça enquanto se faz", fortaleceu seu mundo interior, o que comprovou a ressonância da qualidade do pensamento humano na vida pessoal. Não foi possível alterar-se fisicamente, mas ele viabilizou a sua transformação mental. Seu trabalho de autoconhecimento o elevou a impensável progresso humano, tornando o que seria um imenso problema em um manancial de indefinida extensão de felicidade e realização pessoal. Eis um vencedor!

---

[54] ROSSI, M. **O que é impossível para você?** São Paulo: Buzz, 2016.

O valor da autossugestão

A introdução dessa medida dependerá claramente do empenho com que ela será operada. É comum nos submeter às sugestões de terceiros; por vezes, as incorporamos de tal forma que passamos a adotá-las, promovendo mudanças em nosso "jeito de ser". Ora, se feito uma esponja absorvemos o que os outros afirmam, mesmo que sem querer, por que não permitir que infiltremos em nossa mente ideias saudáveis, altruístas, brotadas de necessidades nossas e selecionadas por nós, estimulantes para o nosso crescimento?

Em se tratando de atenção concentrada, o nosso melhor interesse sobre essa questão merece ser direcionado e detido na exata medida em que merece ser afastado de tudo que não seja edificante, eis aí! Nessa mesma ordem de coisas, a concentração atenta, no polo oposto, deverá ser o comando obedecido por tudo o que se interessa em restringir, anular ou destruir em determinada condição mental em si mesmo.

Também, assim, nos livraremos do comportamento inseguro e temeroso para, em definitivo, imergir nas águas do mar da autoconfiança. Eis a autossugestão na função de incorporar a autoconfiança em nossa mente, atuando com extrema relevância diante da pretensão de requalificar nossa existência, tornando-a significativamente melhor. Preciosa, por tratar-se da árdua tarefa de conduzir à superação humana, a maior de todas as lutas do ser humano: aquela que ele trava contra si mesmo!

Desse modo, uma ideia persistentemente impressa, infundida em nossa mente, apresenta sensível tendência a materializar-se e apresentar-se na realidade exterior. Esse fato guarda consonância com princípios fisiológicos.

Além do mais, a psicologia demonstra que uma afirmação repetida com convicção inúmeras vezes poderá produzir alteração no caráter, na personalidade e na vontade. Bom, aqui, retomo conceitos enunciados no capítulo 5, quando se aludiu a uma síntese, a um só tempo simplista e genial de Tim LaHaye: "O temperamento é a combinação das características com as quais nascemos; o caráter é o nosso

Errou? Arrependa-se, corrija-se. Esqueça. Fixe-se no amanhã e, nele, faça o certo.

temperamento 'civilizado'; e a personalidade é o rosto que mostramos ao próximo."[55]

Será precisamente com respeito à civilidade que poderemos modificar e promover nossa "recriação", que ressoará em nossa personalidade, que é claramente mais sensível a mutações. Nessas condições, poderemos minimizar e ultrapassar embaraços que se anteponham a uma vivência plenificada.

A autossugestão conseguirá, a partir da construção de um quadro mental positivo, abrir o caminho, estabelecendo uma conduta que se torne um hábito na vida diária, a partir de um pensar e agir com muito mais qualidade.

A síntese das sínteses da mente humana

É interessante reparar o quanto vivemos sob a influência da polarização. Sobre fatos, opiniões deles decorrentes, comentários em geral e críticas, pairam considerações positivas e negativas. O bloco positivo se fixa no bom, no belo, no promissor, enquanto o negativo pende para o mal, o feio, o fracassado. Isso merece nossa atenção, o fator negativo apenas deveria ser considerado quando a cautela o recomende para afastar os riscos desnecessários, o que, em derradeira análise, será positivo.

Um reflexo bom para se adquirir, quando estiver examinando um sentimento, ideia, ação, conselho, sugestão, ensinamento ou fato, será ponderá-lo com a lente positiva e duas indagações: "Isso me torna melhor?" e "Isso leva ao bem?".

A humanidade, concebida com tanto esmero por seu Criador, tem o dever de desejar o progresso pessoal voltado para o bem pessoal e dos demais, pois confere real qualidade à existência. Por detrás de toda atividade devem luzir, como verdadeira joia que é, o cultivo e o desenvolvimento das essências positivas e a restrição e anulação das referências negativas.

---

[55] LAHAYE, T. *op. cit.*

FORÇA INTERIOR: A ÚNICA FONTE DE REALIZAÇÃO POSSÍVEL

Devemos lutar para obter esse comportamento como uma regra de vida. Só nos fará e trará o bem.

Chega a ser intuitivo para a maioria das pessoas, assim: entre o socorro e o abandono, qual é o positivo e qual é o negativo? Jean Jacques Rousseau referia que o homem nasce bom e a sociedade o corrompe. Pessoalmente, quando olho um bebê, não consigo pensar senão em alguém que tem tudo para ser bom e não coloco a culpa na sociedade, se ele já adulto tomar um caminho tortuoso, corrompendo-se, claro, é por ato de vontade. Tudo é uma questão de um querer seletivo e bem ordenado, afinal, mesmo em Sodoma e Gomorra existiu um Lot (Gênesis 19,29).

Precisamos lembrar que, para cada defeito, existe uma qualidade, eis uma regra invariável. Será ou não uma escolha pessoal fixar-se em uma ou noutro? Se elegemos a qualidade, vamos deletar de nosso "monitor mental" o defeito contraposto.

É preciso exercer esse domínio e influência positivos sobre nós mesmos a partir de nossa mente, do que pensamos, do que somos. Isso tem um valor absoluto. É precioso! Emoções, desejos, imaginação, vontade serão tocadas por um condão positivo.

Sua inclusão na rotina mental nos fará adquirir o pensamento reto e adotar a ação correta. Assumir a consciência de que o homem é infinitamente mais do que uma criatura perambulando pelo mundo, submisso às circunstâncias externas; cumprir sua missão terrena, governando-se por seu ilimitado discernimento, utilizando-se de sua riqueza interior manifestada em razão, tendências e vontade, decidindo e determinando o próprio rumo, assumindo seu destino consumado em uma existência permeada pelo labor fecundo.

Buscamos conferir a abrangência possível aos aspectos ligados à mente humana relacionados com esse trabalho, que não estaria fechado se esquecido o domínio físico ou corporal.

Há um desenganado valor terapêutico nas forças mentais. O princípio básico da ação mental sobre o corpo situa-se justamente na sugestão ou indução mental. Encontra-se generalizada a concepção de que as células de nosso corpo são inteligentes, o que permitiria serem motivadas pela alegria e pela esperança, atitudes de alta positividade, talvez os melhores tônicos que se possa conhecer.

Por outro lado, alerta-se que as paixões podem atuar energicamente sobre a vida física, sendo conhecidos os efeitos da cólera, do medo, da tristeza, do ódio. São de tal sorte demolidores que outras manifestações do gênero quase perdem a expressão. A impregnação de sua negatividade se mostra, na medida em que provocam um cruel arrebatamento da pessoa, tolhendo qualquer chance de raciocínio claro e equilibrado, deixando-a tomada por doentia impetuosidade, propensa a todo tipo de violência, inclusive contra si mesma.

A superação desses estados de superexcitação merece atenção da saúde, porquanto não apenas a mente fica tumultuada, mas há uma clara projeção subsequente em órgãos como o coração (pressão arterial), o estômago, o fígado, entre outros, além dos membros (tremores). Sobretudo, porém, perde-se a paz. Recomenda-se, ultrapassada a fase aguda, o recurso à potencialidade do pensamento saudável em uma atividade de igual teor, buscando alcançar os efeitos salutares da "mente sadia em um corpo sadio".

Pode-se afirmar, pelo bem que produzem, que todos nós carecemos desenvolver emoções positivas, notadamente do quilate da confiança, do otimismo, da coragem, da alegria, do respeito e da solidariedade. O segredo está em: assim ocupada a mente, até por falta de espaço são expulsas ou ficam inibidas as emoções e os sentimentos negativos, que tanto contribuem para minar e reduzir a eficácia do sistema imunológico, abrindo caminho para o avanço de enfermidades. Firmando-nos no reto pensar, levantamos uma vigorosa barreira contra as doenças, diariamente somos abastecidos com renovadas e saudáveis doses de energia.

Assim palmilhamos o terreno da autoconfiança, sem a menor sombra de dúvida, uma grande vitória pessoal.

Poderá a autoconfiança estar sujeita à sabotagem?

Sim! Do mesmo modo que o "preço" da liberdade é a eterna vigilância, também a autoconfiança tem, na eterna vigilância, seu preço.

FORÇA INTERIOR: A ÚNICA FONTE DE REALIZAÇÃO POSSÍVEL

É simples. Os pensamentos não param sua circulação em nossa mente e, sabemos, sucedem-se, indistintamente, os bons e os maus, sendo o consciente encarregado de recepcionar o bom e útil e rejeitar o ruim e inútil. Um pequeno vacilo e eles ingressam em nossa mente, desde breves deslizes até uma das cinco emoções paralisantes, que podem nos tornar inertes. A autoconfiança está abalada, urge ponderar e restabelecer o equilíbrio. Assim, ocorre nos impulsos feitos pela culpa, tristeza, ansiedade, insegurança e medo. Pelo estrago que costumam produzir, é melhor que as conheçamos um pouco melhor, para seu estrito entendimento.

A **culpa** se instala sempre que a nossa percepção registra uma ação ou inação que afetou alguém ou a nós mesmos. A culpa pode ser analítica e patológica. Analítica quando enseja a reflexão sobre nossas atividades ou omissões e, após examiná-las, corrigimo-nos, assumindo a postura concordante com o comportamento desejado. Já a patológica ostenta componente psicológico desestabilizante, que se presta a limitar-nos por força de pensares desordenados, inclinando-nos a vivências definíveis como autopunição. Se a culpa vem do interior, pode ser uma reação natural à mudança de atitude resistida pelo rompimento da rotina precedente, superável a médio prazo. Se a culpa resulta de censura a nós oposta externamente, produto de influência familiar, comunitária ou do círculo de amizades e outros, fruto de discrepância com certo padrão de que nos desviamos, merece ser considerada. Aparentemente, afigura-se a uma quebra do controle sobre nós exercido. É preciso o cuidado de ser realista e buscar manter a própria integridade.

A **tristeza** pode envolver perdas e frustrações. Quanto às perdas, é preciso manter-se realista. Se a questão envolver risco de perecimento de algo ou alguém, uma solução sadia estará em colocar todo o empenho em resguardar e garantir o bem ou a pessoa; no mais, entregar-se à consumação dos fatos. Não há lógica em extremar o sofrimento por algo que pode vir a suceder ou não... e se temos um fato consumado, nada mais poderá alterá-lo. Quanto às frustrações, conscientize-se da certeza de haver esgotado os meios e os recursos disponíveis para que o êxito acontecesse. Paciência. Na vida, como nos balanços contábeis, existem lucros e perdas. Aspecto relevante sobre a tristeza reside em sua percepção como uma emoção negativa e, por isso, tem-se o desejo que se vá rapidamente. A sempre lembrada paciência deve nortear nossa ação sobre o ponto para que o entendamos em sua justa medida. A emoção merece ser cuidada e equacionada para, só então, liberar-se; caso contrário, corre-se o risco de ela se instalar e se infiltrar, transformando-se em melancolia ou até mesmo na destrutiva depressão, ambas mais duradouras e que exigem maiores esforços para suplantá-las.

A **ansiedade**, realidade de muitos nos tempos que correm. Talvez devido à velocidade com que surgem os acontecimentos, a rapidez das informações e a intensidade com que se processam os dados e como flui a rotina diária. Há uma espécie de corrida contra o tempo, ele nunca está a nosso favor, mas em perene disputa conosco. A humanidade busca permanentemente sua atualização integral, mas o que hoje é poderá não ser mais amanhã! É tudo tão célere que parece não haver mais espaço para falhar nem hesitar. A vida costuma ser a busca do equilíbrio entre as incertezas do dia a dia na tentativa de fazer o certo, o cometimento de atos esmerados dentro do padrão exigido, permeados por outros não tão precisos e até falhos. Definitivamente, precisamos estar com os pés no chão do mundo, mas nossos pensamentos não precisam fixar-se nos seus modismos, que brotam a todo instante nos meios de comunicação, nas redes sociais e pela rua afora. Seres humanos não são máquinas nem devem imitá-las, até porque não foram criados para isso. Carecemos de paz para nós mesmos e para os demais. A boa notícia é que o cérebro, sensível à nossa orientação, está plenamente capacitado para adequar a direção de nossa vida para fazermos a diferença com pensamentos, comportamentos e reações positivos, ignorando a superficialidade, o egoísmo e a insanidade competitiva.

A desafiadora **insegurança** emerge de nossos descuidos. Sabe-se que a autoconfiança nasce da vontade, mas será sempre dependente da qualidade de nossos pensamentos, comportamentos e atitudes que deverão submeter-se ao perfil da determinação para uma espécie de conferência e selagem de ações. Isso não condiz com esquecimentos,

FORÇA INTERIOR: A ÚNICA FONTE DE REALIZAÇÃO POSSÍVEL

preguiças ou qualquer tipo de lacuna, senão cederá o nosso vigor, de que resultarão consequências danosas por um simples deslize. Já se vê que o autoconfiante precisa ser fortalecido. Esse é o seu compromisso pessoal que se refletirá nos outros. Não haverá espaços vazios se nos preenchermos constantemente com a afirmação e o cumprimento do que é certo, simples e seguro.

    Por fim, o **medo**, que exige apurado exame em sua exata e total dimensão. Ele costuma, muitas vezes, produzir em quem o sente um afrouxamento, uma negação geral tamanha que sugere a covardia. Há ocasiões em que ele surge sob o disfarce da prudência ou do instinto de sobrevivência, fazendo com que demonstre certa impetuosidade na fuga de riscos e perigos, o que parece justo e razoável. Evidentemente, pela verdadeira prudência e em seu nome deve-se adotar atitudes de cautela, o que é racional. Nessa linha, o medo se apresenta como um sentimento voltado para a proteção. Diga-se de passagem que sentir medo é comum a todos nós. Ao surgir, de imediato impele-nos a sair da zona de conforto para uma zona de confronto, na qual se dará o enfrentamento de algo não inteiramente identificado – coisa que, a princípio, nem todos têm disposição para fazer. Cumpre distinguir, em segundo momento, se ele se apresenta por força de algum conteúdo protetivo ou se é apenas o temor de exposição por não estar preparado para o enredo que se avizinha. Quando nos abrimos sem reservas, ele tem um poder de dominação tão profundo que é passível de nos imobilizar, tornando-nos inúteis. Pode interferir ao ponto de bloquear o atingimento dos nossos objetivos ou tarefas. Um imenso estorvo, eis o medo. Não devemos exigir de nós uma grande coragem, afinal somos humanos e limitados. Todavia, ao autoconfiante é preciso vigor mental, responsável pela ponderação da situação, mantendo-o desperto e liberto da insegurança, estágio natural que atormenta quem passa por situações de risco ou dano efetivo. As armas do autoconfiante são pensamentos, comportamentos e atitudes positivas. Sempre. Cultivados diariamente como sementes deitadas em solo fértil, sem dúvida, germinarão.

Sejamos zelosos e pacientes como o bom jardineiro

Ao estudar o subconsciente, o psicólogo Joseph Murphy apresentou, no livro *O poder do subconsciente*,[56] interessante metáfora entre o nosso subconsciente e a terra cuidada por um zeloso jardineiro (como nós precisamos ser), que planta sementes (pensamentos) o dia inteiro. Baseado na justa medida em que as semeia, terá colheitas no corpo e no ambiente.

Comecemos, então, a semear pensamentos de paz, felicidade, boas ações, boa vontade e prosperidade. Pense com calma e interesse nessas qualidades e aceite-as integralmente em sua mente consciente e racional. Vamos prosseguir plantando essas maravilhosas sementes no jardim da mente e teremos uma gloriosa colheita. Cada pensamento é uma causa, e cada condicionamento é um efeito. Por essa razão, é essencial ter cuidado com todos os pensamentos, a fim de gerar apenas situações ou condições desejáveis.

Quando a mente pensa corretamente, quando você compreende a verdade, quando os pensamentos depositados em seu subconsciente são construtivos, harmoniosos e pacíficos, o poder mágico de seu subconsciente responderá com situações harmoniosas, circunstâncias agradáveis e tudo o que há de melhor. Quando controlamos nossos processos de pensamento, podemos aplicar os poderes do subconsciente a qualquer problema ou dificuldade. Em outras palavras: cooperamos conscientemente como o poder infinito e com a lei onipotente que governa todas as coisas.

Mãos à obra, arrebate o subconsciente com a autoconfiança!

---

[56] MURPHY, J. **O poder do subconsciente**. Rio de Janeiro: BestSeller, 2019.

ATIVIDADES

1. Você acha que se conhece bem ou tem certeza do seu autoconhecimento? Lembre-se de que achar é diferente de ter certeza. Por isso, faça uma breve reflexão e responda de acordo com sua percepção.

_____
_____
_____
_____
_____

2. Quais são seus principais talentos? E seus valores? Identifique cada um e justifique a escolha.

_____
_____
_____
_____
_____
_____

3. E seus defeitos? Qual deles o incomoda mais? Pensa em mudar para algo mais positivo?

_____
_____
_____
_____
_____
_____

▶▶

4. O que impede uma pessoa de ser feliz?

_____
_____
_____
_____
_____
_____
_____
_____

5. Enumere alguns pontos que acha que precisa modificar para se sentir autoconfiante.

_____
_____
_____
_____
_____
_____
_____
_____
_____

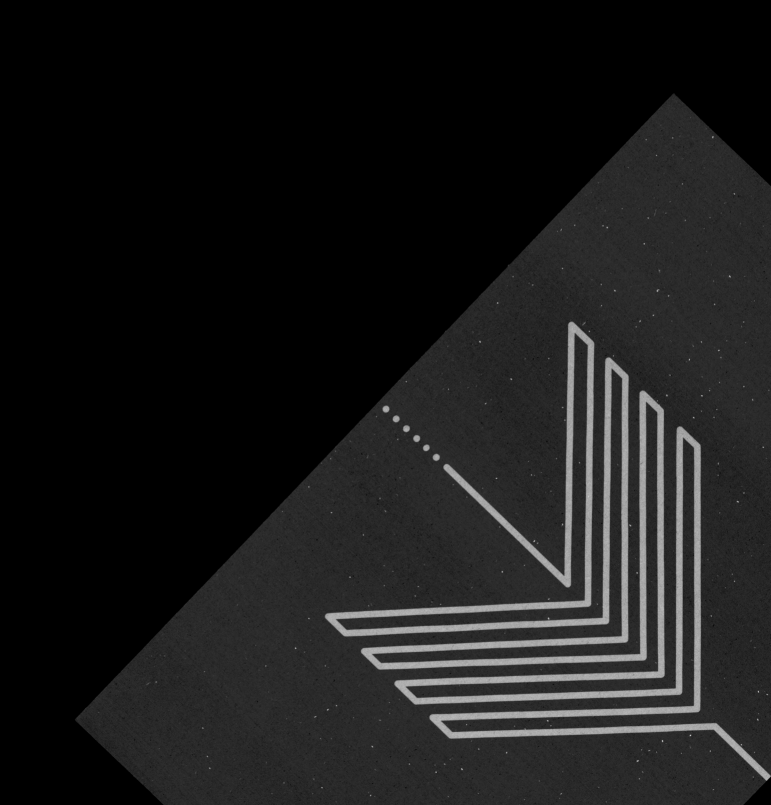

10

tenha determinação, é hora de ser feliz!

aessa altura, já estão suficientemente patenteados tanto os marcos balizadores quanto as metas, objeto deste trabalho. Ficou para seu término, o momento que pareceu o mais adequado, a revelação do secreto desejo que animou toda esta produção.

Na visitação que fizemos ao nosso mundo interior, oculto e intimista, reconhecemos o terreno e constatamos o quanto os outros, as circunstâncias e nós mesmos cooperamos para uma baixa qualidade de vida, tornando pior a rotina diária com que temos de lidar, tornando-nos acabrunhados e desejosos de melhorar nosso cotidiano.

Em tantos momentos, aproximamo-nos da felicidade, notamos que ela precisa ser conquistada e seu preço é alto, exigindo de nós definição, vontade e disciplina e, mesmo assim, ela é gradual, pois precisamos limpar a área para abrir o espaço necessário para que ela possa se insinuar e fixar.

Ao longo deste derradeiro capítulo, portanto, vamos juntos sorver "cálices de felicidade", traduzidos nos comportamentos que logramos adquirir com toda exposição lançada nesta pequena obra e que, de agora em diante, deveremos adotar para que nossa celebração seja constante e completa.

Primeiro cálice

Custa a crer o que noticia a mídia, diariamente, quanto a manifestações de ódio por meio de guerras, roubos, homicídios e tragédias em geral em diferentes paisagens de nosso país e do mundo.

TENHA DETERMINAÇÃO, É HORA DE SER FELIZ!

O ser humano cuida tão mal de si e dos seus semelhantes que se tornou ganancioso e agressivo em nome, exclusivamente, de seus desregrados anseios, desconsiderando o amor, o bem, a paz, a justiça e a honra. Esqueceu-se de que ele é o ponto mais alto da criação e abandonou a vocação natural para o bem, embrenhando-se pela selva do erro, da mentira e do mal. Vive em uma planície sem fim, quando sua vocação está nas altitudes cujo caminho se perdeu. Sente-se infeliz, deslocado e não consegue entender o porquê. Sem entender que o problema está nele e em suas opções, ousa culpar os demais pelo sofrimento.

Essa tortura precisa ter um fim. Em sua criação, o ser humano foi privilegiado com o dom da liberdade, que deve ser exercitada segundo o bom senso. "Não fez isso e ainda se queixa..." Como assim? Ora, no palco da vida é nossa a escolha do papel que representaremos. Cumpre-nos manter um desempenho de bom nível, mas isso está em nossas mãos, é escolha nossa! É nossa a responsabilidade de assumir o próprio controle, tomando a decisão de que não se deve seguir a falsidade, um padrão comportamental em desconformidade com a retidão. Por isso, devemos deixar de lado tudo o que entulha a nossa vida, mesmo que façam parte do "patrimônio" herdado da família, da comunidade, dos amigos. Se não presta, desprenda-se, porque mais adiante os erros cometidos em nome dessa fidelidade serão sua responsabilidade.

Cada ser humano se apresenta com o seu patrimônio e, em nome da sanidade e da melhor qualidade de vida, tem o dever de depurá-lo: são pensamentos, tradições, opiniões, crenças, imagens, desejos. Evidentemente, com o crescimento experimentado no estudo de seu mundo

FORÇA INTERIOR: A ÚNICA FONTE DE REALIZAÇÃO POSSÍVEL

interior, sobretudo na agudeza do pensar, na consciência de priorizar apenas o que de fato interessa, cada um deverá desterrar tudo o que não coopere com o atingimento de suas metas, exercitando a seleção, verdadeira purificação, para ficar apenas com o que é bom, justo e real.

Não é demais lembrar que muitos de nós encontram-se nas garras da superficialidade consumista reprimida. Pare, pense e reaja. Busque auxílio. Você é um ser humano respeitável e livre, não uma pobre ovelha tangida para o destino definitivo de um matadouro! Rompa com os comportamentos e pensamentos viciosos.

Segundo cálice

Reforço que precisamos, na esfera de nossa liberdade, escolher o bem e rejeitar o mal. Não podemos simplesmente conceder poder a fatores externos e nocivos, acreditando que sejam inerentes a nós, como toda sorte de emoções discordantes que se prestam a semear confusão em nossa mente e vida. Isso não é inteligente! Nós somos inteligentes! Estamos passando por essa vida, e os fatores externos são efeitos e não causas; pessoas, fatos, circunstâncias que *parecem* opostos não possuem qualquer poder para opor dificuldades ou obstáculos, embaraços ou impedimentos em nossos caminhos. São só conteúdos reativos naturalmente assumíveis e contornáveis e, por vezes, meras reações de como nos apresentamos a eles.

Uma ajuda potencial para lidar com isso é o "jejum psicológico": abster-se de pensar em ideias e conceitos negativos sobre si e sobre os outros. Esse é exercício da catarse, uma limpeza interior, amplamente bem-vinda. Em seguida, será oportuna a inserção de pensamentos e valores positivos na mente. Pode parecer pouco, mas é um verdadeiro bálsamo para mentes cansadas e surradas.

Ponto saliente, nessa linha de consideração reside na possibilidade de nossa vontade não se apresentar "fechada". Quando pairam dúvidas em nosso processo volitivo, na formação do querer, a mente fica confusa. Um desejo inseguro, incerto ou impreciso nunca se realizará, ou pior, vai operar com as características com que foi gerado: inseguro, incerto e impreciso. Há de haver consciência plena sobre o propósito, a pretensão, o que gerará o perfeito alinhamento entre a vontade e o esforço concretizador – características verdadeiramente imunes aos ataques do medo, da hesitação e da dúvida. Um solene brinde a isso!

Terceiro cálice

Um necessário reforço na blindagem que busco oferecer aos leitores quanto ao assédio do negativismo, obstaculizando o autoconhecimento e suas positivas consequências. A denegação sistemática do bem, como os crimes, as guerras, a corrupção e as doenças, traz em sua natureza a cegueira quanto a todo conteúdo positivo e apenas se presta a acrescentar confusão, destruição, desordem: a imersão no caos mental. Evidentemente, precisamos estar cientes do que ocorre, mas é essencial cuidar para estacionarmos no conhecimento dos fatos, **sem internalizá-los**. Se isso permitirmos, vamos expor nossa mente, todos os dias, a uma enxurrada de negativismo que nos massacra e, sem dúvidas, interferirá na qualidade de vida.

Nossa luta contra o pensamento negativo deve ser constante, pois sua carga inibe, impede, enfraquece e desqualifica as ideias, as iniciativas e sensações positivas, afirmativas. Passamos a fazer o que não queremos e deixamos de fazer o que desejamos. Resultado óbvio, tragédia anunciada: a frustração.

Defendamos o que seja bom e positivo e busquemos sempre o melhor com base em uma mente vigilante, serena, segura e receptiva, estado geral propício à atração de sensações e pensamentos afirmativos e benéficos, favorecedores da criação de boas ideias, soluções hábeis e uma orientação geral satisfatória. Não recepcionemos em nosso íntimo crenças estranhas e mensagens duvidosas.

O poder somente se reconhece ao Criador, e nele crer reside nossa única e verdadeira fortuna. Esse padrão de vivência alguns denominam **renascimento**. É bem verdade que é um clichê a referência de "nascer de novo" quando alguém passa por uma experiência de vida marcante, alterando conceitos, pontos de vista e, até mesmo, o modo de viver.

FORÇA INTERIOR: A ÚNICA FONTE DE REALIZAÇÃO POSSÍVEL

Mas isso acontece! Pode ser que a descoberta de si pelo autoconhecimento, ao proporcionar a pacificação interior, conduza a esse estágio.

Positivo mesmo é que deixemos de despender dinheiro para uma grande viagem pelo exterior e demos um giro pelo nosso interior, descobrindo toda a riqueza existente e que nos pertence. Os últimos enriqueceram, muito mais que os primeiros!

Um consciente brinde a essa viagem!

Quarto cálice

Na visão que viemos acumulando, tornou-se palpável a necessidade de assumir uma postura dotada de bom senso. Não para parecermos melhores que os demais nem para nos distinguirmos nos campos de atuação, mas pela nossa não integração ao contingente dos que fervem por dentro, repletos de um nervosismo crônico e raivoso contra os sistemas. Esse modo de ser, sabemos, não resolve problemas. É possível ver o quanto essa emotividade é autodestrutiva, apenas resultando desapontamento, fracasso e amargor, fragilizando as defesas mentais, ofuscando a esperança, abalando a fé, impedindo nobres aspirações, subtraindo a vitalidade e a paz de espírito.

O homem médio consegue entrever a existência de inúmeros equívocos. A humanidade esboça, ora de maneira velada, ora escancarada, a hipocrisia. Políticos e administradores falham na veracidade, nas opções desastrosas, são esbanjadores, arruínam o patrimônio público e escapam ilesos tantas vezes, pois a Justiça não consegue alcançá-los. Será que está em suas mãos alterar esse quadro?

O que é certo é: você se envenenou com toda essa toxidade dia após dia. Vale a pena prosseguir na sua solitária cruzada? Infelizmente, não será possível mudar o mundo, aqueles que têm conduta desonrosa ou os donos da verdade. Todavia, uma coisa você pode mudar: você! Mantenha-se aprumado em seu testemunho positivo de vida, em tudo que dependa de si. Subtraia o peso esmagador da fúria, da irritação, dos estados de ânimo transtornados.

Pacificar-se e reorientar-se com base em seu recente aprendizado e descobertas pessoais provenientes do autoconhecimento e da

TENHA DETERMINAÇÃO, É HORA DE SER FELIZ!

autoconfiança, de seu renascimento, isso sim valerá a pena. Celebre, afinal você é um dos sobreviventes da loucura do mundo. Não duvide, há um caminho maravilhoso a ser trilhado e você está plenamente habilitado para tanto. Torne-se um otimista de ânimo resistente e prossiga fazendo o seu melhor, firmando suas metas nos conceitos de paz, força, ação correta e alegria, e sentirá harmonia e satisfação plenas em sua consciência.

Lembre-se: como não se pode pensar em mais de uma coisa ao mesmo tempo, priorize o pensar positivo. Um alegre brinde ao pensamento positivo!

Quinto cálice

Desdobrando o conjunto de convicções presentes no cálice anterior, evoco a menção de um pensador bem característico.[57] Disse ele: "na minha mente, só eu penso!".

Bem-posto e bem lógico! Cada um escolhe os pensamentos que passarão a ser tomados como base do "diálogo interior". Observe bem a natureza e o conteúdo de seus pensamentos, inclusive os embaraçosos e os segredos trancados a sete chaves. Isso é o que você é.

A eles some as palavras que você fala (e sua qualidade, que sempre pode ser alterada, também para melhor) e então verá quem você pode se tornar. As palavras, quando proferidas, são igualmente a expressão manifesta do seu ser.

Evidentemente, esses dados são dotados de apurada importância para conscientizar-se de uma eventual necessidade de transformação. Nesse caso, a transformação pode se tratar de um aprimoramento ou ajuste da pessoa, ou algum rasgo de mitomania, no qual prevalece a mentira. Não adianta ser apenas na aparência. O esforço exigido para isso será cada vez maior, o que desestrutura pela crescente falácia, tornando-se patológica, esvaindo-se a saúde mental, algo bem grave.

---

[57] HAY, L. "Modificando o diálogo interior". *In*: **A essência da meditação**. São Paulo: Martin Claret, 1998. p. 7.

FORÇA INTERIOR: A ÚNICA FONTE DE REALIZAÇÃO POSSÍVEL

Boa coisa a se fazer ainda no exame dos pensamentos viciosos é desprender-se do hábito de criticar e julgar os outros e a si e repetir tristes histórias e trágicos desastres. Não preste o desserviço social de promover a tristeza e a maldade, "alertando" para o quanto o mal pode prevalecer, parecendo mesmo que ele predomina, o que estimula o medo. Enfim, isso é de uma pobreza de espírito sem fim.

É preciso melhorar sua prosa por meio do desenvolvimento da natureza de seus pensamentos, requalificando-os e estimulando positivamente suas ações. Seu diálogo interior ganhará confiança, expectativa positiva e cooperação. Sua fala com as demais pessoas seguirá nesse mesmo rumo, e sua vida melhorará em todos os sentidos.

Brindemos a nossa verdadeira identidade e à justa atenção a ela!

Sexto cálice

Ao longo de nossa escalada, tangenciamos uma questão que, por sua força vital, está a merecer um cálice de felicidade. De tão vital, entrou para o mandamento do amor, conforme nos foi encaminhado pela boa tradição. Há um amor maior, que só pode ser obra de Deus, sobre todas as coisas: refere-se ao próximo. Espera-se do ser humano, em um mesmo plano, a estima aos outros e a autoestima. Isso é tão lindo que merece um alentado cálice de felicidade.

A forma como nos sentimos acerca de nós mesmos é algo que nos afeta crucialmente. Nossas reações aos acontecimentos diários são igualmente determinadas por quem somos. Tristezas e dramas, que nos abatem refletem em nosso íntimo, podem ser alterados por uma autoestima favoravelmente esperançosa.

Existe nesse campo também uma repercussão negativa decorrente da autocensura implacável e massacrante que impõe um conflito em nosso interior. Fala-se então da autoestima negativa ou da própria negação da autoestima. Mas a autoestima positiva é requisito básico para uma existência satisfatória.

A autoestima possui dois elementos: o sentimento de competência pessoal (a autoconfiança) e o sentimento de valor pessoal (autorrespeito),

TENHA DETERMINAÇÃO, É HORA DE SER FELIZ!

projetando no ser humano a capacidade de lidar com os desafios da vida e a defesa de seus interesses, trazendo implícito um necessário respeito ao semelhante. Por aí, já se pode captar que a autoestima ignora o egoísmo, proporcionando bastante suficiência à condução pela existência. É de interesse manter o equilíbrio pela estabilidade que enseja.

A constituição e manutenção da autoestima é dependente de nosso empenho em sermos eficientes, e por isso seguros, o que tornará nossa personalidade agradável e confiável, suscitando em nós a satisfação de nos sentirmos felizes pelo que somos. Ela mostra-se suscetível para ser ampliada ou reduzida, por isso a alusão feita à necessidade de mantê-la equilibrada.

Em geral atentamos para o fato de que pessoas sinceramente felizes costumam ser altruístas, de fato importando-se em auxiliar as demais, e esse movimento de partilha com quem efetivamente carece de bens incrementa a autoestima por força da densidade de boa vontade e amor genuíno de que se reveste. Essa observação traz uma consequência muito satisfatória, porquanto a sólida autoestima permite lidar com as adversidades e superar as tribulações com menos dificuldade.

A maior consistência dessa energia interior salienta intensa proatividade, deixando uma incontida alegria em propiciar desenvolvimento e crescimento aos demais, sem eles nada será esperado em troca. Esse bem-estar será refletido em uma boa saúde, porque, como se diz, o amor é vizinho da saúde!

Brinde ao respeito fraternal!

Sétimo cálice

A legítima felicidade pressupõe que o indivíduo conheça a si mesmo dentro de sua realidade, razão de dizer: ele se basta. Ele não perderá de vista que é espírito e alma, conjugados em um corpo. O espírito se resume na energia pura que estimula a alma, manifestada na atividade cerebral.

Todos os homens passam por um período básico de informação e formação, de acordo com as condições pessoais. Resta-nos, assim, adotar as opiniões e crenças dominantes em nossos respectivos

FORÇA INTERIOR: A ÚNICA FONTE DE REALIZAÇÃO POSSÍVEL

grupos humanos. Já adultos, a maior parte dessa "programação" há de reverter-se (será externalizada, manifestada por cada um) mediante as autossugestões.

A sistemática repetição de tantas coisas nos leva naturalmente ao impulso de dispor de respostas prontas, contudo nem sempre adequadas, conforme se apresentam as circunstâncias. Constata-se que inúmeras das nossas "posições pessoais", repetidas milhares de vezes, assumem uma aderência tal que se incorporam a nós como verdadeiros componentes. Não são! O nosso pensar pode alterar-se mediante uma reprogramação, seguindo o raciocínio: quando se modifica o modo de pensar, altera-se a crença; quando se modifica a crença, alteram-se as expectativas; mudando estas, mudam as atitudes; consequentemente, muda o comportamento; com ele, muda o desempenho; por fim, altera-se o rumo da vida. Eis um resultado em que cabe o dito popular: "Mudou da água para o vinho!".

Evidentemente, não ganharemos qualquer imunidade quanto à qualidade de nossas experiências, e algumas ainda poderão ser negativas; a diferença é que **nós** mudaremos, pelo só fato de que agora sabemos que importa tirar lições fortalecedoras de **qualquer** experiência, assim também das de baixo nível.

Trocando em miúdos: caso a vida lhe dê um limão ou um abacaxi, trate de fazer de seus sumos saborosos refrescos! Será o fim de todo o azedume e de toda a acidez.

Um enfático brinde ao constante proveito com toda experiência!

Oitavo cálice

Há uma expressão em inglês que diz assim: "por último, mas não menos importante..." *("last but not least"),* aplicável a este cálice, que não por acaso coroará o esforço que revestiu cada momento da elaboração deste trabalho.

É curioso como somos forçados a concordar com *O Pequeno Príncipe,* o tão simpático, quanto profundo livro de Antoine de Saint-Exupéry, quando ele proclama que "o essencial é invisível para os olhos".

TENHA DETERMINAÇÃO, É HORA DE SER FELIZ!

Tudo começou com o pensamento representativo das convicções implantadas e repetidas no subconsciente. Note a literal proeminência do refinamento de nosso pensar, que se qualificará pelos sentidos, na medida em que potencializemos a absorção das temáticas positivas, inspiradoras e proveitosas!

Em seguida, a conexão do pensamento com sua comunicação por meio da palavra. Desapareceram os pensamentos, os raciocínios rebuscados e simples, restou a palavra representativa de toda uma imensa manobra interior, oculta, que venceu muitos obstáculos para alcançar a exposição a todos que tenham ouvidos para ouvir.

Aquele conjunto de letras agrupadas e seu significado sonoro assumiram uma eloquente posição, passaram a ser a expressão da pessoa de cuja boca foram proferidos. Você é a palavra que fala! Essa manifestação é o derradeiro elo daquela corrente, que principiou com o **pensamento**, passou por sua fixação na **crença**, gerou uma **expectativa**, alterou a **atitude**, gerou um **comportamento**, modificou o **desempenho**, que, por sua vez, mudou o rumo dado à **vida**, tudo comunicado pela **palavra**. Com efeito, por último, mas não menos importante, o essencial, a palavra verbalizada, é invisível para os olhos!

Nesse particular, é preciso grande zelo antes da utilização das palavras. Elas têm um superpoder, e tal descoberta é um grande aprendizado. A seleção vocabular contribui para que nos modifiquemos para melhor, nos aperfeiçoemos, inclusive, em nosso estado de espírito ou ânimo.

Aprimore seu vocabulário e aprimorará sua vida!

Um memorável brinde para encerrar nossa celebração.

Obrigada, leitor.

Este livro foi impresso pela Assahi
em papel pólen bold 70 g/m² em maio de 2022.